Das Lied der Engel

Himmlische Weihnachtsgeschichten

Zusammengestellt von
Eva-Maria Busch

Ehre sei Gott in der Höhe
und Friede auf Erden
bei den Menschen seines Wohlgefallens
Das Lied der Engel
(Lukas 2,14)

Das Lied der Engel

Himmlische Weihnachtsgeschichten

Zusammengestellt von
Eva-Maria Busch

BRUNNEN
VERLAG GIESSEN · BASEL

Umschlagmotiv: „Singende Engel"
von Giovanni P. Birago (um 1490)
British Library, London
Umschlaggestaltung: Ralf Simon
Satz: DTP-Brunnen
Druck und Bindung: Ebner & Spiegel, Ulm
ISBN 3-7655-1846-8

Inhalt

Die Geburt im Stall

Lukas 2, 1–7

Es begab sich aber zu der Zeit, dass ein Gebot von dem Kaiser Augustus ausging, dass alle Welt geschätzt würde. Und diese Schätzung war die allererste und geschah zu der Zeit, da Quirinius Statthalter in Syrien war. Und jedermann ging, dass er sich schätzen ließe, ein jeder in seine Stadt.
Da machte sich auf auch Josef aus Galiläa, aus der Stadt Nazareth, in das jüdische Land zur Stadt Davids, die da heißt Bethlehem, weil er aus dem Hause und Geschlechte Davids war, damit er sich schätzen ließe mit Maria, seinem vertrauten Weibe; die war schwanger.
Und als sie dort waren, kam die Zeit, dass sie gebären sollte. Und sie gebar ihren ersten Sohn und wickelte ihn in Windeln und legte ihn in eine Krippe; denn sie hatten sonst keinen Raum in der Herberge.

Charlotte Hofmann-Hege

Die Weihnachtslampe

Vergnügt wanderte Michael von der Schule nach Hause. Nun waren es nur noch zehn Tage bis Weihnachten, darüber freute er sich. Aber noch etwas anderes machte ihn glücklich. Sein heiß geliebter Lehrer hatte sich fast eine Stunde Zeit genommen, um mit ihm zusammen seine selbst gebastelte Weihnachtslampe vollends fertig zu machen. „Es ist eine prächtige Leistung für einen Zehnjährigen!", hatte der Lehrer gesagt.

Unterwegs musste Michael immer einmal stehen bleiben, um sein Kunstwerk zu betrachten. Die Lampe war aus kräftigem dunklem Tonpapier gearbeitet, und auf den vier Seiten zeigten sich scherenschnittartig die Figuren der Weihnachtsgeschichte: zuerst Maria und Josef mit dem Kind, dann die Hirten, auf der dritten Seite die Könige und zuletzt die Hirten mit den Schafen. Michael war sehr stolz, dass jeder seiner Mitschüler sie sofort als Schafe erkannt hatte. Beim Bekleben der bunten Transparentpapiere hatte der Lehrer mitgeholfen. Jetzt war die Lampe vollendet schön.

Das Allerfeinste aber hatte noch niemand gesehen, das hatte Michael sich erst nachträglich ausgedacht. Es war eine Batterie mit einer kleinen Glühbirne, welche die Laterne beim Anknipsen in herrlichster Farbenpracht erstrahlen ließ. Für seinen Plan wäre eine Kerze zu gefährlich gewesen. Er hatte nämlich etwas ganz Besonderes mit ihr vor.

Gerade als er voll Seligkeit sein Birnlein von neuem anknipste, wurde er von einem kräftigen, Rollschuh fahrenden Jungen so heftig von hinten gestoßen, dass er samt seiner Lampe rückwärts zu Boden stürzte. Hohnlachend fuhr der große Junge über Batterie, Birne und Lampe und wollte diese gerade mit Schwung an sich reißen, als er plötzlich von einer energischen Männerhand eisern festgehalten wurde.

„Schäm dich!“, brüllte der Mann. „Einen Schwächeren umhauen!“ Michael begann sich aufzurappeln, er hatte sich nicht verletzt.

„Das ist der Achmed von der siebten Klasse!“, schrie er. „Das ist ein ganz Böser!“ Vor Empörung hatte er keine Zeit zum Weinen gefunden.

Achmed streckte beiden die Zunge heraus und wollte sich losmachen. Aber der Griff ums Handgelenk blieb fest.

„Ich erwarte von dir, dass du dich bis heute Abend bei uns beiden entschuldigst!“, fuhr der Mann drohend fort. „Dort drüben wohne ich, du weißt es. Und jetzt – verschwinde!“

Michael war mühsam aufgestanden und begann zu schluchzen. „Guten Tag, Herr Dr. Schütze!“, stammelte er. „Und besten Dank auch!“

Alle Kinder in der Straße kannten Herrn Dr. Schütze. Er bewohnte das stattliche weiße Haus in dem großen alten Park am Ende der Straße. Er war frisch im Ruhestand, ging regelmäßig spazieren und hatte stets etwas Gutes in der Tasche für Kinder, die höflich „guten Tag“ sagten. Da das nicht allzu viele waren, reichte sein Taschenvorrat immer. So auch jetzt.

„Zuerst einen Trostpreis!“ Er steckte dem Kleinen eine Leckerei in den Mund. Dann besah er sich die Lampe.

„Das war ja ein mächtiges Stück Arbeit! Der Schaden ist aber nicht so schlimm, wie ich zuerst meinte. Die Batterie war zu hoch für die Rollschuhe. Komm, wir gehen dort drüben ins Elektrogeschäft und kaufen dir eine neue.“

„Warum, warum hat er das getan?“, jammerte Michael. „Ich hatte doch gar nichts mit ihm! Ach, ich bin so oft der Dumme!“

Im Elektrogeschäft kaufte Dr. Schütze eine viel größere Batterie und eine schönere Glühbirne, als Michael sie sich je hätte leisten können. Die Verkäuferin nahm sich Zeit, glättete mit einem Bügeleisen die zerknitterte Laterne und klebte eine losgegangene Ecke des Transparentpapiers fest. Mit der neuen Beleuchtung wirkte die Lampe noch schöner.

„Ich bringe dich nach Hause", sagte Dr. Schütze. „Du musst keine Angst mehr haben. Wir sind jetzt Freunde." Michael atmete erleichtert auf, denn der Schrecken steckte ihm noch in den Gliedern.

„Ich wohne nicht weit von hier, dort hinten in dem großen Wohnblock, im dritten Stock", erwiderte er.

„Hast du die Lampe für deine Mutter gemacht?"

„Nein, für meine Oma. Sie wohnt bei uns und versorgt mich, weil meine Mutter allein erziehend ist und verdienen muss. Und seit gestern ist meine Oma im Krankenhaus."

„Was fehlt ihr denn?"

„Wir wissen es nicht. Ganz plötzlich bekam sie mitten in der Nacht Leibschmerzen, und das Sanitätsauto nahm sie mit." Zutraulich fasste er Dr. Schützes Hand. „Meine Mami kann heute nicht ins Krankenhaus. Sie ist Teilhaberin in einem Frisörgeschäft, da gibt es jetzt gerade so viel Arbeit. Wir haben besprochen, dass ich die Oma besuchen könnte. Ich bin noch nie in einem Krankenhaus gewesen, aber im Fernsehen habe ich schon so was Ähnliches mitgekriegt. Ich glaube, dass ich das kann. Ich weiß, wo der Bus abfährt. Und wenn die Omi meine Lampe sieht, wird sie schnell wieder gesund."

„Das glaube ich bestimmt, Michael. Es ist eine wunderschöne Lampe. Bist du übrigens der einzige Mann in der Familie?"

„Jawohl. Vati ist in Amerika. Ich kenne ihn nicht, und die Mami erzählt kaum etwas von ihm. – Aber jetzt habe ich Schulden bei Ihnen wegen der Batterie." „Lass gut sein, Junge. Denk jetzt, ich wäre dein Großvater."

Treuherzig blickte der kleine Bursche empor. „Da habe ich aber Glück." Die beiden waren inzwischen beim Wohnblock angekommen.

„Steck deine Lampe in eine Tüte, ehe du ins Krankenhaus fährst", mahnte Dr. Schütze. „Wirst du heute Abend ganz gewiss bei mir vorbeikommen? Ich muss doch wissen, wie es dir ergangen ist!"

„Aber sicher, Herr Dr. Schütze! Und nochmals besten Dank – für alles! Sie sind so ein guter Freund, wie der Achmed jetzt mein Feind ist!"

Dr. Schütze lachte. „Dann gleicht es sich ja wieder aus." Im Weitergehen fühlte er immer noch die warme Bubenhand in der seinen und sah Michaels strahlende Augen vor sich. Es hatte wohl so sein sollen. Bei diesem Buben lohnte sich die Mühe, er war unverdorben, sorgfältig erzogen und vielleicht tatsächlich, wie er selbst gesagt hatte, in seiner Gutherzigkeit manchmal der Dumme. Er konnte wohl eine Art Opa brauchen.

Michael fand sein Telleressen in der Mikrowelle und Mutters Zettel auf dem Küchentisch. „Der Bus geht um zwei Uhr. Geld findest du in der Kommode. Die Omi liegt in Zimmer 404 oder 405. Klopf schön an!"

Das Krankenhaus lag frei inmitten von viel Wiesengrün zwischen winterkahlen Sträuchern.

„Es ist schön hier", sagte Michael zum Busfahrer, als er ausstieg.

„Gib auf deine Rückfahrkarte Acht", entgegnete dieser. „Der letzte Bus fährt um fünf Uhr ab. Kennst du die Uhr? Gut, dann sei pünktlich."

An der Pforte nahm Michael seine Laterne aus der Tüte, zeigte sie stolz der Sekretärin am Empfang und ließ sich von ihr den Weg zum Aufzug und zum vierten Stock erklären.

Mit Herzklopfen wartete er bei angezündeter Lampe vor

Zimmer 404 auf das „Herein“. Wie würde die Oma über seinen Besuch staunen! Sie nahm ihn nämlich oft für kleiner als er wirklich war. Vielleicht kam es auch daher, weil sie ihn so sehr lieb hatte und noch etwas Kleines verwöhnen wollte.

Beim Eintreten erblickte er aber nur drei fremde Frauengesichter, die neugierig aus ihren Betten schauten. Enttäuscht blickte er sich um.

„Ich möchte meine Oma besuchen. Bin ich falsch?“

„Wie heißt denn deine Oma?“, fragte eine junge Frau im Bett am Fenster.

„Elisabeth Borg. Ist sie nicht hier?“

„Wir wissen nichts von ihr. Aber komm – zeig uns deine feine Lampe. Jetzt merken wir erstmals, dass bald Weihnachten wird.“

Plötzlich bekam die Frau Tränen in die Augen. „Ich hab auch Kinder zu Hause. Und jetzt krieg ich Heimweh. Ich wurde an den Venen operiert, aber die schmerzensreiche Zeit hier wird mir so lang.“

„Das tut mir Leid“, sagte Michael bekümmert. Er fühlte sich schuldig an den Tränen der Frau. Darum hielt er seine Lampe nahe über sie, so dass sie auf einmal ein wunderschönes Gesicht bekam von dem zarten Licht und aussah, wie die Jesusmutter Maria auf alten Bildern.

Dann fragte er gewissenhaft auch die beiden anderen Frauen nach ihrer Krankheit. Die zweite hatte es auf dem Herzen und die dritte im Magen.

„Büble, sei dankbar, dass du gesund bist“, sagten sie alle drei. Daran hatte er bisher noch nie gedacht. Er nickte und verabschiedete sich dann sehr freundlich.

Auf das „Herein“ in Zimmer 405 trat er ein und trug seine Lampe vor sich her. Aber statt Omas vertrauter Stimme hörte er nur das Husten eines älteren Mannes im Bett, und neben ihm im Lehnstuhl saß eine feine Dame, die wunderbar duftete.

„Da bin ich wieder falsch!“, seufzte er. „Ich möchte meine Oma besuchen. Aber ich finde sie nicht.“

Die Dame erhob sich; zusammen mit ihrem Mann bewunderte sie die Lampe. Dann sagte sie: „Dir muss man helfen, kleiner Mann, sonst findest du heute deine Oma in dem großen Haus nicht mehr. Wir wollen nach einer Schwester oder nach einem Arzt suchen.“

Mit zierlichen Lackschuhen ging sie voran, auf den Gang hinaus. Es brauchte seine Zeit, bis sich eine Schwester fand, die Bescheid wusste.

„Jawohl. Frau Borg war in Zimmer 405. Aber inzwischen musste sie dringend operiert werden. Wir haben bei ihr zu Hause angerufen, es meldete sich niemand. Sie liegt jetzt auf der Intensivstation. Kinder dürfen da aber nicht rein.“

„Operiert?“, fragte Michael erschrocken. „An den Venen?“

„Nein! Wie kommst du denn darauf? Am Blinddarm! Morgen darfst du sie gewiss besuchen, dann ist sie wieder auf Station! Ich muss weiter! Sieh, dort drüben sitzt eine alte Frau im Rollstuhl, der solltest du deine Lampe zeigen.“

Michael bedankte sich bei der wunderbar duftenden Dame und schlich ein wenig traurig über die Besorgnis erregende Auskunft der Schwester zu der Frau im Rollstuhl.

„Wie schön, dass mich jemand besucht und mir ein Weihnachtslicht bringt!“, sagte diese. „Weißt du, ich habe Zucker, und der Arzt hat mir an beiden Füßen die Zehen abgeschnitten. Jetzt mag ich gar nicht mehr weiterleben, aber ich muss. – Auf die Intensivstation willst du? Die ist ganz unten im Haus. Ich bin nicht sicher, ob man dich reinlässt, aber zusammen mit deiner Lampe hast du vielleicht Glück!“

Michael musste aufmerksam und lange suchen, bis er die Intensivstation gefunden hatte. Er wusste inzwischen gar nicht mehr, an wie vielen kranken Menschen er vorbeigekommen war. Jetzt öffnete er vorsichtig die Tür und geriet in einen schmalen Raum, der wie ein Gang aussah. In der Ecke hinter einem hellgrünen Vorhang hingen weiße Überhemden. Es war niemand da. Er entzündete seine Laterne, wagte sich aber keinen Schritt nach vorne. Fremdartiger Geruch verwirrte und ängstigte ihn. Die Großmutter hatte vermutlich Recht: Er war doch noch ziemlich klein und unwissend, und er kam sich auch immer ein wenig anders vor als andere Kinder.

Ein Mann war hereingekommen und stieß ihn an. „Du gehörst bestimmt nicht hierher, Kleiner!“ Dann sah er die Laterne. „Vielleicht aber doch!“, flüsterte er dann und holte zwei Überkleider, eine Mütze und weiße Stoffschuhe aus der Nische. Der Kittel war viel zu lang für Michael, aber der Mann drapierte ihn geschickt hoch, zog ihm die Schuhe über und schob ihn leise vorwärts. „Jetzt siehst du aus wie ein Engel!“, sagte er, „jetzt tun sie dir bestimmt nichts!“

Eine Schwester huschte über den Gang. Verwundert blieb sie stehen. „Was ist denn das?“

„Ich möchte zu meiner Oma, Frau Elisabeth Borg.“

„Ach ja, die Nummer sieben mit dem Blinddarm. Du darfst nicht rein!“

„Meine Oma braucht mich aber! Dann wird sie schneller gesund!“

Die Schwester lächelte und sah Michael liebevoll an. „Da könntest du sogar Recht haben! Frau Borg ist übrigens schon wieder ganz munter, die Operation ging gut. Du kannst an der offenen Tür stehen bleiben, deine Oma liegt gleich im Bett hier vorne. Weiter rein darf ich dich nicht lassen.“

„Ach, mein Kleiner!“ Omas schwache Stimme klang glücklich. Sie hatte ein Schläuchlein in der Nase und einen Tropf am Arm. Michael brachte kein Wort heraus vor lauter Freude. Er streckte seine Lampe so weit wie möglich nach vorne und die Großmutter konnte kaum glauben, dass er so etwas Schönes selbst gemacht hatte. Die Schwester dämpfte für einen Augenblick das harte Neonlicht, so dass die Lampe farbenprächtig aufleuchtete.

„Hast du Schmerzen, Oma?", fragte er schüchtern.

„Es geht", sagte sie. „Auf Weihnachten werde ich bestimmt entlassen." Dann winkte sie von ihrem Bett aus zu ihm herüber, und Michael winkte zurück. Die Schwester schob ihn sanft wieder in den Gang. Er befreite sich von seinen Überkleidern und suchte nach dem Ausgang. In der Vorhalle stand ihm vor Schreck fast der Atem still: die große Uhr über dem Eingang zeigte bereits sieben Minuten nach fünf. Nun war der Bus weg! Verzweifelt rannte er mit seiner brennenden Laterne in Richtung Haltestelle.

„Er ist fort! Er ist fort!", jammerte er. Die Vorübergehenden sahen ihm mitleidig nach.

„Wer ist fort?", fragte ein junger Mann teilnahmsvoll.

„Der Bus! Ich kann nicht mehr heim!"

„Aber nein! Dort fährt er doch – jetzt gerade auf dich zu."

Schon von weitem sah Michael einen warnenden Zeigefinger hinter der Frontscheibe. Der Bus hielt genau vor ihm.

„Deine Lampe hat dich gerettet!", murrte der Fahrer. „Jetzt wäre ich losgefahren, ohne dich zu erkennen! Wir haben auf dich gewartet, du hattest ja eine Rückfahrkarte." Er war schon nicht mehr grimmig, und überglücklich setzte sich Michael auf einen freien Platz. In der rasch einbrechenden Dunkelheit ließ er seine Lampe leuchten, und die Leute waren auch nicht ungehalten darüber, dass er zu spät dahergestolpert war. Es schien ihm, als würde das stille Licht sie freundlicher stimmen.

In seiner Straße angekommen, sah er die erleuchteten Fenster von Dr. Schützes Haus durch die dunklen Bäume schimmern. Er meldete sich durch die Sprechanlage, und Dr. Schütze stand an der Haustreppe, als er den Kiesweg entlang kam. Frau Schütze hatte ein gutes Abendbrot gerichtet. Und während Michael zwischen dem Ehepaar am Tisch saß und seine Erlebnisse schilderte, war ihm so behaglich zu Mute, als wäre er bei richtigen Großeltern zu Hause.

„Denk dir, Achmed war da und hat sich entschuldigt!", berichtete Herr Dr. Schütze. „Er kam mit seiner Mutter, einer frommen, sanften Türkin mit einem feinen Gesicht unter ihrem Kopftuch. Sie sagte, er sei aufgehetzt worden gegen das christliche Weihnachten. Aber es tut ihm sehr Leid, und er versprach mir in die Hand, nie mehr etwas Derartiges zu machen. Zum Fest will er dir seine fast neuen Rollschuhe schenken, die ihm zu klein geworden sind. Nun musst du wirklich versuchen, ihm zu verzeihen!"

„Das bring ich nicht fertig! Ich glaub ihm kein Wort!"

„Und wenn ich es mir wünsche, Michael? Sonst wird es nicht heller auf der Welt. Sieh, du hast heute so vielen Menschen dein Licht bringen dürfen. Sie haben sich gefreut und waren gut zu dir. Nun lass es halt auch ein bisschen in diese dunkle Stelle deines Herzens hineinleuchten."

Verschmitzt blickte Michael empor. „Sie sind aber fromm! Nein, so schnell schmilzt meine Wut nicht."

„Du wärest jetzt gar nicht hier ohne den Achmed!", erwiderte Herr Dr. Schütze. „Und es gefällt dir doch bei uns, nicht wahr?"

„Ja, sehr!" Behutsam sah sich der kleine Junge in dem gepflegten Zimmer um. Auf dem Klavier stand in einem schmalen silbernen Rahmen das Foto eines jungen Mannes. Michael wusste, dass es den einzigen Sohn des Ehepaars Schütze zeigte. Dieser war vor nicht allzu langer Zeit bei einem Schiffsunglück ums Leben gekommen, als er einen Ertrinkenden retten wollte. Die Zeitungen hatten darüber berichtet.

Inzwischen hatte Frau Schütze das elektrische Licht gelöscht und den Adventskranz angezündet. Dann begann sie leise, auf dem Klavier ein paar Weihnachtslieder zu spielen.

Das Kerzenlicht tanzte mit den Schatten an der Zimmerdecke.

In der besinnlichen Stille wurde Michael sehr nachdenklich. Schließlich fragte er leise: „Herr Dr. Schütze, woher kommt eigentlich das Licht?“

„Das ist eine richtige tiefe Kinderfrage“, antwortete Herr Dr. Schütze lächelnd. „Deshalb will ich dich auch nicht mit dem Urknall abspeisen. Das Licht, Michael, das Licht, ohne das wir nicht leben könnten – es kommt von Gott.“

„Ich dachte es mir.“ Der Junge schaute zur Zimmerdecke empor. „Aber die Schatten, die Finsternis – kommen sie auch von Gott?“

Zärtlich strich der väterliche Mann dem Buben übers Haar. „Wir Erwachsenen wissen auch nicht alles so genau, wie wir es haben möchten, Michael. Wir müssen annehmen, dass es so ist. Denn Licht und Finsternis hängen auf eine solch geheimnisvolle Weise zusammen, dass man sie kaum voneinander trennen kann. Vielleicht müssen wir lernen, das Dunkle, ja sogar das Böse, bei uns selbst und bei anderen tapferer sehen zu wollen. Dabei geschieht es immer wieder, dass aus dem Finsteren, Schlimmen etwas Heilsames erwächst. Deshalb bat ich dich, dem Achmed zu vergeben. Vielleicht kann so an der kleinen Stelle, an der wir stehen, das Böse heil werden und das Licht über die Finsternis siegen. Auch ein schwaches Licht kann viel Dunkelheit vertreiben. Mehr und Besseres weiß ich dir nicht zu antworten, Michael.“

Er wandte sich an seine Frau. „Oder was meinst du, Mutter?“

„Ich denke“, erwiderte sie, „dass gerade das Kind von Bethlehem die Last des Bösen und Schweren auf dieser Erde mitgetragen hat wie niemand sonst.“

Eine lange Pause entstand.

„Es ist eben so“, fuhr Michael schließlich fort. „Ich bin

heute ganz durcheinander gekommen mit allem. Ich muss so viel nachdenken. Zuerst der Schreck mit der Oma. Und ich hab auch ein bisschen Angst, weil ich jetzt tagsüber immer allein sein muss. Und dann das mit dem Achmed. Und dann im Krankenhaus – die vielen Leute mit ihren Schmerzen. Und die zuckerkranke Frau, die nicht mehr leben wollte. Und dann das Pech mit dem Bus, den ich fast nicht mehr gekriegt hätte."

„Ja, das war freilich ein wenig viel. Deshalb tut es gut, dass du gleich hierher kamst. So lange deine Oma im Krankenhaus liegt, kannst du immer kommen, wenn du dich verlassen fühlst. Und ich weiß sehr gut, wie das ist, wenn man manchmal ein wenig durcheinander kommt. Auch ich komme hin und wieder gründlich durcheinander mit meinem Glauben und mit meinem Leben." Er blickte zum Foto auf dem Klavier hinüber. „Aber ich erfahre dabei auch, dass man sich tiefer nach dem Licht sehnt, wenn es dunkel ist. Vielleicht brauchen wir die Dunkelheiten unseres Lebens, sie sind wohl wichtiger, als wir ahnen." Er seufzte. „Ja, die Dunkelheiten und Schmerzen haben auch ihre Tiefe und ihre Wahrheit. Aber das verstehst du noch nicht."

„Ein bisschen schon!", entgegnete Michael. „Ich kann mir jetzt vorstellen, dass ich dem Achmed verzeihen kann, wenn noch ein wenig Zeit vergangen ist. Das hätte ich selbst nicht geglaubt."

Dann rutschte er vom Stuhl. „Darf ich nun nach Hause? Ich will daheim sein, wenn meine Mami kommt. Heute wird es spät bei ihr, bis im Geschäft alles aufgeräumt ist. Und sicher ist sie furchtbar müde. Da braucht sie mich und meine Lampe."

Herr Dr. Schütze begleitete seinen kleinen Gast noch bis vor den Wohnblock. „Lass deine Lampe fröhlich brennen, Michael", sagte er. „Licht will und soll leuchten. Und wenn die Batterie verbraucht ist, dann kommst du, und wir kaufen eine neue.“ Er sah dem wandelnden Lichtschimmer nach, bis er hinter der Haustür des Wohnblocks entschwunden war.

„Mein kleiner Lichtträger“, sagte er vor sich hin, „niemand weiß, was deiner Generation im jetzt begonnenen Jahrhundert an Dunkelheiten bevorsteht. Vielleicht aber hat dich heute eine Ahnung des unvergänglichen Lichtes gestreift, das mit Weihnachten in unsere umdunkelte Welt kam. Ein Licht, das keine unreifen Buben zertreten können und das auch dann nicht erlöscht, wenn alle Batterien dieser vergänglichen Welt aufgebraucht sind.“

Dann ging er langsam die Straße zurück, auf der er am Vormittag seinem kleinen Freund begegnet war. Am nächtlichen Winterhimmel strahlten die Sterne. Und er spürte, dass es ein guter Tag gewesen war, auch für ihn selbst. Durch seine einfache Hilfe war so viel warmes Licht in die Schatten seiner Seele gedrungen. Als er durch den nachtschwarzen Garten auf sein Haus zuschritt, lag das Licht des Wohnzimmerfensters über dem schmalen Weg. Er hörte seine Frau auf dem Klavier den alten Weihnachtsvers spielen, von dem er spürte, dass der jetzt ganz besonders gut passte:

„Das ewig Licht geht da herein
und gibt der Welt einen neuen Schein.
Es leuchtet mitten in der Nacht
und uns des Lichtes Kinder macht.“

Hanna Ahrens

Weihnachtsmenschen

Ich hatte in der Nähe von Greifswald meine letzte Adventsveranstaltung in einem alten Schloss. Ein schöner Nachmittag! Nun wollte ich über Stralsund zurück nach Hamburg fahren.

Der Zug lief in den kleinen, völlig dunklen Bahnhof ein. Die Lautsprecherdurchsage kam laut, aber völlig unverständlich, wie so oft. Ich stieg in den Waggon und lehnte mich entspannt auf meinem Sitz zurück. Nun konnte mein privates Weihnachten beginnen!

Nach einer Weile kam die übliche Aufforderung: „Fahrkarten bitte!"

Ich hielt meine Karte hin. Der Schaffner – zugleich Lokführer der Regionalbahn – meinte: „Nach Stralsund wollen Sie? Da sitzen Sie aber im falschen Zug!"

„Ach du liebe Zeit! Was können wir denn da machen?"

In dem Moment fuhr der Gegenzug vorbei, in dem ich hätte sitzen sollen. Der Schaffner griff zum Handy. Er bat den Lokführer im Gegenzug, am Bahnhof auf uns zu warten, was dieser offenbar versprach. Denn nun lief unser Zugführer durch die Abteile nach vorn, hielt den Zug an und steuerte ihn zum Bahnhof zurück, was etwa fünf oder sechs Minuten dauerte. Dort half er mir, schnell in den anderen Zug zu steigen, der mich nach Stralsund bringen würde.

Punkt 19 Uhr kamen wir an. Eine Minute später sollte – vier Gleise weiter – mein Zug nach Hamburg abfahren. Ich rannte, keuchte, erwischte die erste noch offene Tür und saß im Zug.

„Das war aber knapp!", sagte eine ältere Dame mir gegenüber. „Hätten Sie denn nicht etwas eher kommen können?"

„Nein."

Als ich in Hamburg erzählte, was mir passiert war, wollte es keiner glauben. „Deinetwegen fährt ein ganzer Zug wieder zurück!?"

„Genau – und weil es doch fast schon Weihnachten war." Da fällt wohl etwas von Gottes Freundlichkeit auf die Erde. Manchmal mitten in einen Zug – in das Herz eines Zugführers.

Werner Reiser

Uns ist ein Kind gegeben

Der Himmel war ratlos. Kein Himmlischer wusste mehr, wie man den Menschen beikommen könnte. Die Irdischen waren für die Geheimnisse des Himmels taub und blind geworden. Lange Zeit hatte es keine Offenbarung mehr gegeben. Kein Bote war mehr zur Erde geschickt worden, um vereinzelten Auserwählten etwas vom Geschmack des Himmels mitzuteilen. Auch die Träume waren erloschen. Wenn Irdische träumten, dann von ganz anderen Dingen, von Reichtum, Erfolg und schönen Frauen. Sie träumten nach außen, nicht nach innen oder gar nach oben.

Dieser öde Zustand durfte nicht weiter um sich greifen. Die sichtbare und die unsichtbare Welt drohten immer mehr auseinander zu fallen und sich einander völlig zu entfremden. Es tat den Irdischen nicht gut, sich immer nur mit sich selbst zu beschäftigen. Aber auch die Himmlischen litten darunter, immer nur unter sich zu sein. Sie drängten danach, ihre Welt aufzubrechen und den himmellos Gewordenen das Gesicht zu weiten.

Doch keiner wagte es, von sich aus etwas zu unternehmen. Ihr oberster Gefährte war zu Gott gerufen worden und hatte sie ratlos zurückgelassen. Ohne seinen Auftrag wollten sie nichts erzwingen. So blieb ihnen nichts übrig, als in der Zwischenzeit die traurigen Herzen zu leeren und über mögliche Wege miteinander zu verhandeln.

Eine Gruppe wies darauf hin, dass früher die Erschütterungen der Erde und große Naturkatastrophen die Irdischen am ehesten nachdenklich gestimmt hätten. Doch dagegen wurde einhellig Einspruch erhoben: „Strafaktionen können doch nicht himmlische Mittel sein. Wahrscheinlich haben gerade solche Mittel dem Ansehen am meisten geschadet und den Himmel unglaubwürdig gemacht. Auch ist nach der großen Sintflut kein Einziger besser geworden. Im Gegenteil, der Untergang hat den Übriggebliebenen ein derartig schlammiges Gefühl hinterlassen, dass sie bis ins Innerste verkrustet geworden sind. Jeder, der gegen den Himmel misstrauisch ist, beruft sich auf solche Katastrophen."

Da wäre es doch sinnvoller, meinte eine andere Gruppe, in voller Ausrüstung den Irdischen gegenüberzutreten und sie mit Glanz und Gloria so zu überwältigen, dass keiner mehr die Augen verschließen könne. Dem Aufmarsch der himmlischen Heerscharen werde niemand widerstehen.

Aber die Jüngeren waren solcher Machtdemonstration völlig abgeneigt. „Wir werden wohl im Moment Eindruck machen", gaben sie zu bedenken, „aber wir können ja nicht dauernd vor ihnen stehen bleiben. Wenn sie uns nicht mehr sehen, bleiben ihnen nur unsere Heere in Erinnerung. Und sie werden nicht zögern, unseren Auftritt nachzuahmen und selber Heere aufzustellen. Ja, sie werden uns missbrauchen, um ihre mörderischen Heere himmlisch zu verbrämen. Und ihre Lanzen und Schwerter werden nicht mehr aus Licht sein, sondern aus Stahl und Feuer."

Bisher hatte sich eine weitere Gruppe zurückgehalten. Doch ihren Mienen war abzulesen, dass sie mit keinem Vorschlag einverstanden waren. Sie sahen so aus, als hätten sie besondere Überlegungen angestellt und wären längst zu einem besseren Entscheid gekommen. „Schaut doch nicht so überlegen drein", riefen ihnen die andern zu, „sondern sagt, was ihr denkt! Es ist nicht himmlischer Brauch, seine Weisheit für sich zu behalten."

„Man hat uns nicht gefragt. Wir können warten, bis man uns anhören will. Nun denn, wir haben uns unter den Irdischen umgesehen und sind auf andere Dinge gestoßen. Wir haben wie ihr lange Zeit darunter gelitten, dass man von uns nicht mehr viel weiß oder wissen will. Wir haben die Ursache dafür nicht nur bei ihnen gesucht, sondern auch bei uns und unseren gebräuchlichen Wegen. Wir haben seit Wochen den irdischen Markt erforscht. Man muss wissen, wie sie denken, was sie erwarten und welche Bedürfnisse sie haben. Danach müssen wir unsere Absicht richten. Sonst bleibt es ein Angebot ohne Nachfrage."

„Ich erhebe Einspruch!", rief einer. „Wir sind vor ihnen da gewesen. Wir haben ältere Rechte anzumelden. Sie haben uns nicht zu kritisieren. Die Bedürfnisse des Himmels sind tiefer, von den Geheimnissen Gottes ganz zu schweigen. Sie sind Geschöpfe, und erst noch die letzten. Sie haben zu dienen."

„Beruhige dich", antwortete ihm ein anderer. „Du weißt doch noch, wie Gott die Menschen schuf – aus reiner Freude. Er war nicht hungrig, als er sie schuf, er suchte keine, die ihn mit Opfern befriedigten. Das tun nur die Götter – aber doch nicht er. Weil er frei von ihnen ist, ist er auch frei für sie. Lass uns den Vorschlag hören."

So fuhren die Boten, die die Irdischen erforscht hatten,

fort und sprachen: „Seit die Irdischen ohne Aufblick zu uns leben, wenden sie den Blick nur noch zur Erde. Sie arbeiten immer gegen den eigenen Schatten. Das gibt auch ihrer Arbeit etwas Dunkles und Endloses. Sie können sich nicht mehr recht freuen und sehnen sich doch danach. Wir wollen ihnen ein Fest bereiten und ihnen so auf Jahre hinaus Erinnerungen der Freude und der Freiheit schenken."

Kaum hatten sie gesprochen, erhob sich lebhaftes Stimmengewirr. Weil es aber Himmlische waren, tönte es dennoch himmlisch schön: Ein Fest mit allen Geschöpfen Gottes, das wäre die Versöhnung! – Sie werden einen Augenblick an uns denken und uns bald zur bloßen Dekoration erniedrigen! – Sie unterbrechen nur die Arbeit, aber nicht ihre Grundhaltung! – Wir hinterlassen ihnen bessere und tiefere Bedürfnisse, als sie bisher hatten! Und so wogte es hin und her.

Plötzlich wurde es still. Gabriel war zu ihnen getreten. Er war bei *ihm* gewesen. Noch leuchtete etwas um ihn, das vom Urlicht Gottes ausstrahlte, das keiner sehen konnte, ohne die Augen zu verschließen. Nun stand er unter ihnen und strahlte sie an. Dann sagte er: „Ein Kind." Und als ihn alle sprachlos anschauten, wiederholte er: „Ein Kind. Er gibt ihnen ein Kind. Das ist seine Antwort auf die Entfremdung der Menschen."

„Ein Kind? Ein Kind!", riefen nun alle miteinander, und es klang wie Glocken hell und dunkel, leicht und dumpf, staunend und erschrocken, bewundernd und abwehrend: ein Kind – wie göttlich; ein Kind – wie gewöhnlich; ein Kind – wie einfach; ein Kind – wie unverständlich!

Da aber bei den Himmlischen keiner aus seinem Herzen eine Mördergrube machen muss, weil er das nämlich nicht kann, da jeder an der Stelle des Herzens ein Herz hat, ließ Gabriel mit Ruhe die Einwände an sich herankommen. Hatte er es doch selber kaum fassen können, als ihm Gott den Plan mitgeteilt hatte. Er wusste, dass seine Gefährten umso lieber am Werk mithalfen, je klarer sie es selber beurteilen konnten.

Als Erstes brach es aus jenen heraus, die die Irdischen erforscht hatten: „Aber sie wollen das Kind doch nicht! Sie wollen überhaupt keine Kinder mehr. Sie fürchten sich vor ihnen. Sie erfinden alles, um Kinder fern zu halten, um sie zu verhüten oder abzutreiben. Kinder sind unerwünscht. Und dann, wenn Kinder trotzdem kommen, haben sie keinen Platz für sie. Man gibt Familien mit Kindern keine Wohnung. Überall sind sie eine Last und müssen es spüren und hören. Sie alle, die, die keine Kinder wollen, und die, die keine Kinder in der Wohnung haben wollen, haben den Segen in Fluch verwandelt. Darum wird auch für dieses Kind kein Platz sein. Es ist unerwünscht."

Gabriel antwortete ruhig: „Eben gerade darum soll es ein Kind sein, ein unerwünschtes neben unerwünschten. Es wird ihm gehen wie vielen andern. Der Mann seiner Mutter wird sie verlassen wollen. Der Machthaber der Zeit wird ihm nach dem Leben trachten, kaum dass es geboren ist. Später wird man nach ihm greifen wollen, weil er als Erwachsener anders denkt und lebt als die andern. Immer wird er unerwünscht sein – so wie Gott selber in der Welt unerwünscht ist. Dieses Kind teilt sein Schicksal mit Gott und mit allen ungeliebten Kindern und Menschen. Das wird die Gemeinschaft aller Unerwünschten sein."

Da Fragen erlaubt war, nahte sich einer jener Gruppe, die die Irdischen mit Schrecken erschüttern wollten, und fragte: „Warum soll es wieder einer von ihrer Sorte sein? Gibt es davon nicht schon genug?"

Gabriel wiederholte die Frage ruhig und sprach: „Du meinst: Warum soll es wieder einer von ihrer Art sein, nicht wahr? Vergiss es nicht, dass die Menschen nur ein wenig geringer sind als wir selbst, auch sie hat Gott mit Hoheit und Ehre gekrönt."

„Gut, ja", antwortete er, „warum soll es wieder einer von ihrer Art sein? Von ihresgleichen nehmen sie nichts an. Sie kennen und durchschauen einander genug. Ihr Wesen pflanzt sich fort und verändert sich nicht. Warum gibt er ihnen nicht gleich eine höhere Stufe? Zwischen ihnen und uns ist doch noch genügend Raum für einen höheren Menschen; für einen, der sich schon weiterentwickelt und den bisherigen irdischen Menschen abgestreift und überwunden hat. Warum fängt Gott wieder mit den Menschen dieser Art an?"

Gabriel antwortete: „Alles Menschliche, das mehr ist als ein Mensch, wird ein Übermensch und unmenschlich. Sie haben an Übermenschen genug zu leiden. Für Gott sind sie recht als Menschen. Es genügt, wenn sie rechte Menschen sein können. Sie haben noch viel Raum, um sich als Menschen zu entwickeln, die Schöpfung Gottes ist noch nicht zu Ende. So lange er sie haben will, sind sie im Werden. Es ist wieder ein neuer Schöpfungstag, wenn er dieses Kind schafft. Du brauchst keine Angst zu haben. Das Kind wird von ihrer Art sein, aber nicht von ihrer Unart. Es wird ihnen zeigen, wie menschenfreundlich Gott ist, und wie gottesfreundlich der Mensch sein kann. Das Herz Gottes wird von ihm an in der Welt schlagen. Dann bekommt auch das menschliche Herz einen neuen Takt."

Still flüsterte da ein Kleiner vor sich hin: „Auf alles hat er eine Antwort, als ob immer alles aufginge und kein Rest zurückbliebe." Aber da er es im Himmelsraum flüsterte, widerhallte sein Vorwurf von allen Seiten.

Gabriel schaute ihn an und sprach: „Ich habe *ihn* gesehen. Seine Augen leuchteten vor Freude und die ganze Menschheit spiegelte sich darin, als er ans Werk ging. Kann ich euch da eine andere Antwort geben?"

Daraufhin wagte kaum mehr einer, etwas zu fragen, bis zuletzt einer sich bescheiden erkundigte: „In welchem Volk soll das Kind geboren werden? Und ist es auch sicher, dass man es dort annimmt?“

Ihm antwortete Gabriel: „Es wird in einem Volk geboren werden, das kein Volk ist und keine Grenzen hat. Was dort geschieht, gehört von Anfang an der ganzen Welt. Es kommt in diesem Volk zur – Welt.

Und ob sie es annehmen? – Es ist eine Gabe Gottes und nicht ein Zwang. Du weißt, dass Gott mit seinen Gaben die Welt nicht erpresst und nicht kauft. Er gibt aus reiner Freude. Er gibt aus Liebe. Es ist sein Angebot an alle.“

Nun musste niemand mehr fragen, auch wenn die Freude und das Beben nicht verstummten. Denn im Himmel führen die Gespräche immer zu einem Weg, dem alle aus innerer Überzeugung zustimmen können. Bevor aber der Jubel ausbrach, verteilte Gabriel die zukünftigen Aufgaben.

Zur ersten Gruppe sprach er: „Ihr werdet den Menschen den Schlamm der Angst von den Herzen nehmen, damit sie die einfache Liebe und das Vertrauen wieder empfinden können. Ihr werdet in der Nacht der Geburt den Menschen erscheinen und ihnen sagen: Fürchtet euch nicht, denn wir verkündigen euch Freude!“

Zur zweiten Gruppe sprach er: „Ihr werdet in jener Nacht die himmlischen Scharen vertreten. Doch sollt ihr mit leeren Händen vor den Menschen erscheinen, damit sie erkennen, dass der Himmel keine anderen Waffen hat als die Macht und die Ohnmacht der Liebe Gottes.“

Und zur dritten Gruppe sprach er: „Ihr werdet das Fest in die Herzen jener legen, die ein unerwünschtes Kind bekommen. Ihr werdet im Traum dem Mann erscheinen, der seine Frau verlassen will, und ihm Mut machen. Ihr werdet in der Nacht die Frauen und Mädchen ermutigen, die schwanger und von Sorgen gequält sind. Ihr werdet das Fest in die Herzen jener legen, die keine eigenen Kinder haben, aber andere aufnehmen. Ihr werdet die Herzen der Vermieter aufbrechen, dass sie Familien mit Kindern in ihre Häuser aufnehmen. Wenn einige beginnen, werden andere ermutigt, solange es noch unerwünschte Kinder gibt.“

Und so kam es, dass drei Monate später ein erschrockener Mann bei seiner Frau blieb, die ein Kind erwartete, und abermals sechs Monate später das Kind in der Krippe lag, und alle Engel zitternd und fröhlich sangen:

Ehre ist bei Gott in den Höhen
und Friede auf Erden unter den Menschen,
an denen Gott Wohlgefallen hat.

Und eine Zeit begann, die nie mehr aufhört.

Johannes Urzidil

Der Schattenspieler

Seit die große Königin Elisabeth regiert hatte, war der Name Cynthia, der Beiname der jungfräulichen Artemis, volkstümlich für Mädchen in England. Die Cynthia der Begebenheiten, von denen nunmehr erzählt wird, war das fünfjährige Kind eines Kohlenhäuers im Dorfe Sudley. Dieses Dorf liegt in einer freundlichen Talsenke jenes westenglischen Waldgebiets, das Forest of Dean benannt ist.

Es war während des Krieges, und es war ein reichlich kalter Winter für englische Verhältnisse. Die Schafe, um sich warm zu halten, drängten sich auf den Hängen und an den Waldrändern zu dichten Massen zusammen. Auf den obersten Gipfelhöhen lag Schnee. Selbst der Esel Enoch, der zum

Gesamtbild des Dorfes Sudley gehörte und sonst allerwärts herumstrolchte, um an verspätetem Kräuterich, Distelzeug und an den Hecken herumzuknabbern, war in dieser Kälte nicht mehr zu sehen.

Jeden Abend kamen die deutschen Bombenschwadronen geflogen. Vermutlich hatten sie es zwar nicht geradezu auf Sudley abgesehen – obwohl manche Leute behaupteten, der ganze Krieg würde nur um Sudleys willen geführt, und hiermit gar nicht so Unrecht hatten –, aber sie, die Deutschen, kamen gewisslich an jedem Abend und bombten die großen Städte in der Runde. Ob sie wohl am Weihnachtsabend und Weihnachtstag auch bomben würden? Sicher, sagten die einen, die sind zu allem imstande. Vielleicht doch nicht, sagten die anderen, schließlich sind sie ja auch Menschen, und etliche von ihnen haben doch auch ein Herz im Leibe. So beiläufig teilten sich die wenigen Bewohner von Sudley in zwei Parteien.

Eines war sicher: Das „Blackout" musste in jedem Fall strikt eingehalten werden. Kein Licht nach Eintreten der Dunkelheit, ob nun Weihnachten war oder nicht, sagte der Vikar. Die Kinder, ja die Kinder, die sich im Dorfe auskennen, mochten wie immer von Tür zu Tür gehen und ihre Carols singen; aber dass nur jede Hausfrau beim Türöffnen darauf Acht habe, dass nicht der geringste Lichtschein sichtbar werde. Das Jesuskind sei das einzige Licht der Welt. Jedes andere müsse man jetzt abblenden.

Cynthias Mutter, Violet, hielt schon seit gut vier Wochen den Pudding in einem großen Steinguttopf im Schuppen bereit. Er war oben mit einer harten Talgkruste gesiegelt und der ganze Topf in Tücher verpackt. Das war eine uralte Methode, und überhaupt war das Zubereiten des Puddings ein weitläufiges Zeremoniell, beginnend mit dem Einkauf vielfältiger Ingredienzien und Gewürze und langwierig durchgeführt unter mancherlei Besprechungen mit den

Nachbarsfrauen. Angeschnitten wurde der Pudding nicht am Weihnachtsabend, sondern am Weihnachtstag, und man verspeiste ihn dann mit Brandysauce, woran sogar die kleine Cynthia schon erheblichen Geschmack fand.

Sie war ein ungewöhnlich gescheites Kind mit ausgeprägten und selbst gestalteten Ansichten. Wenn man ihr etwa bei irgendeiner ihrer kleinen Missetaten sagte: „Sei brav, Cynthia!“, so konnte sie antworten: „Well, ich bin nur ein kleines Mädchen. Nicht jeder kann brav sein, zumindest nicht jeden Tag, du meine Güte!“ Das „du meine Güte“ hatte sie von Granny Sargeant aufgeschnappt, Großmutter Sargeant, die am anderen Ende des Dorfes wohnte.

Aber sie sagte viel mehr, als sie bloß aufgeschnappt hatte. So apostrophierte Cynthia zum Beispiel eine Besucherin, die ihrer Mutter Violet die üblichen wichtigmacherischen Fragen stellte, als da sind: „Wie alt ist denn das kleine Mädchen?“, und „Ist sie denn ein braves Mädchen?“, und „Geht sie denn auch schon zur Schule?“, und ähnliches – diese Frau apostrophierte sie mit den Worten: „Komisch, diese erwachsenen Leute, die ihre Nasen in die Angelegenheiten der Kinder stecken!“ So war Cynthia mit fünf Jahren.

Es kam also der Nachmittag vor dem Weihnachtsabend. Seit drei Tagen schon war es kälter und kälter geworden, immer näher war der Schnee längs der Abhänge gegen das Tal herangekrochen, immer dichter hatten sich die Schafherden verknäuelt, im Garten hatte der Frost die letzten Kohlköpfe und Kohlsprossen glaciert, und jetzt schneite es schon seit drei Stunden schwere und dicke Flocken.

Mrs. Roscoe – das war der Familienname Violets und Cynthias – hatte bereits ein erhebliches Quantum der Freikohle verfeuert, die ihr Mann Erny vom Bergwerk zugewiesen erhielt. Es waren tiefschwarze glänzende Blöcke, glasig wie Fett. Wie die meisten Menschen in England hatten die Roscoes in jedem Raum ihres kleinen Hauses einen Fireplace, aber sie hielten sich hauptsächlich in der Küche auf, wo man entweder direkt am Kaminfeuer oder in einem dem Backen dienenden seitlichen Einschub die Speisen zubereitete. An langen Stahlspießen toastete man über offener Flamme die Brotscheiben, während man rund um den Kamin saß, heiß an den Sohlen und frierend am Rücken. Von den Brotscheiben gab es kaum je eine, die nicht angekohlt gewesen wäre, aber die Roscoes – wie überhaupt die meisten Engländer – sagten einfach: „We like it that way", dasselbe, was sie auch zu vielem anderem sagen, was an sich vermeidlich wäre, was man aber als nationale Gepflogenheit betrachtet wie Erkältungen, Rheuma oder lauwarmes Bier. Ein Fremder versteht das nicht ganz leicht und sollte sich auch nicht bemühen, es verstehen zu wollen.

Es war also, wie gesagt, Weihnachtsnachmittag und starkes Schneetreiben. Trotzdem war Mr. Roscoe mit zwei Nachbarn nach Cinderford gegangen, wo man vorhatte, quer über eine flache Heide Stacheldrähte zu ziehen, um etwaige feindliche Landungen aus der Luft zu verhindern oder wenigstens zu erschweren. „Eine feine Beschäftigung für die Weihnachtszeit", hatte Erny Roscoe gebrummt.

So war Violet Roscoe mit Cynthia allein im Hause und buk im Seitenschub des Kamins Rosinenmuffins, von denen etliche heiß und duftend bereits auf einem Brett lagen, als plötzlich das Pochen des Türklopfers vernehmbar wurde. Mrs. Roscoe öffnete, und vor der Tür im Schneegewirbel sah sie einen Mann stehen, nicht groß, nicht klein, nicht leicht, nicht schwer, mit unbekanntem Gesicht jedenfalls und daher weder zu Sudley noch zur nächsten Umgebung gehörig. Wie die Engländer es zu tun pflegen, trug er trotz des argen Wetters keinen Mantel, sondern nur eine dickere Jacke, um den Hals einen Wollschal und Lammfellhandschuhe an den Händen.

Auf die Frage, was er wünsche, entschuldigte er sich

zunächst – und zwar in ziemlich mangelhaftem Englisch – wegen seines Pochens. Dann sagte er, er sei mit dem Autobus von London bis Blakeney gefahren, danach bis hierher gewandert und möchte weiter nach Coleford gehen. Da zweigten nun aber hier vom Dorfende drei unbezeichnete Straßen ab, und er würde gerne wissen, welche davon er nach Coleford zu nehmen habe.

Ein Mann, der zu Fuß nach dem zwei gute Wegstunden entfernten Coleford gehen wollte, wäre an sich schon eine Merkwürdigkeit gewesen. Denn wer wandert zu Fuß in England herum? Nicht einmal im Sommer tut das jemand, von ein paar abstrusen Freiluftfanatikern abgesehen. Und nun gar im Winterfrost, im Schneegestöber und in der anbrechenden Dämmerung eines Weihnachtsnachmittags. Dass aber ein solcher Mann in jetzigen Kriegszeiten auch noch unzureichend im Gebrauch des Englischen war, musste höchst verdächtig erscheinen. Möglicherweise mochte er gar ein deutscher Fallschirmspringer sein. Und eben wegen der Fallschirmjäger-Gefahr hatte man ja auf allen englischen Landstraßen und Wegen die Wegweiser, Straßenzeichen und Meilenzeiger beseitigt, damit einfallende Fallschirmjäger sich in dem unübersichtlichen Straßengewirr nicht auskennen sollten und, falls sie jemand nach dem Weg fragen würden, keine Auskunft bekämen; denn jeder war angewiesen, jeden Unbekannten, der sich orientieren wollte, kurzerhand nach der nächsten Police Constabulary zu senden.

Die Einwohner von Sudley pflegten solchen Fragestellern, die bislang immer nur in die Irre geratene englische Automobilisten oder Lastwagenführer gewesen waren, zumeist etwas hämisch zu sagen: „Wohin der Weg führt, weiß ich nicht. Ich bin selbst ein Fallschirmjäger."

Ein solcher Scherz verbot sich aber im Falle eines Nicht-Engländers. Denn da stand der fremde Mann, übrigens durchaus zivil und bescheiden und ohne sichtbare Waffen, und fragte nach dem Weg nach Coleford. So sagte Mrs. Roscoe ganz einfach: „Ich kann Ihnen leider keine Auskunft geben. Da müssen Sie schon erst zur Police Constabulary nach Yorkley gehen." Die kleine Cynthia stand dabei, aß von einem der eben frisch gebackenen Muffins und sah bald die Mutter, bald den Fremden mit großen Augen an.

Dieser jedoch fragte: „Und welche von den Straßen, ich bitte Sie, führt nach Yorkley?"

Violet Roscoe, in dieser Frage eine List vermutend, denn man konnte doch nicht wissen, ob dieser schlecht Englisch sprechende Mann nicht ein besonders hinterhältiger feindlicher Agent oder Parachutist war, dachte ein wenig nach und sagte dann: „Das kann ich Ihnen leider auch nicht sagen."

„Was also soll ich tun?", fragte der Mann etwas ratlos. Er stand immer noch vor der Tür im Freien, in eisigem Wind und heftigem Schneefall, der auch in den schmalen Flur hereindrang.

„Was Sie tun sollen", sagte Violet Roscoe, „das weiß ich eigentlich nicht."

„Könnte ich vielleicht", schlug der Mann vor, „mit dem Constabler telefonieren, oder hätten Sie die Güte, es für mich zu tun. Auf meine Kosten natürlich."

„Telefonieren kann man hier nur vom Post Office", sagte Mrs. Roscoe, „aber das Post Office ist im Gemischtwarenladen von Mrs. Box und ist jetzt gesperrt, denn erstens ist heute Early Closing Day, an dem doch immer von ein Uhr mittags an gesperrt wird; und zweitens ist Mrs. Box zu ihrer Tante nach Cloucester gefahren und wird erst morgen früh zurückkommen."

Violet Roscoe war jetzt überzeugt, dass dieser Fremdling mit englischem Brauchtum und Wesen unvertraut war, denn er hätte sich zumindest des geheiligten Early Closing bewusst sein müssen, der an einem festgesetzten Wochentag stets einzuhaltenden Nachmittagsruhe.

Unter normalen Umständen hätte sie freilich einen jeden, der in solch eisigem Schneetreiben vor ihrer Tür gestanden wäre, hereingebeten, sowohl aus Artigkeit als auch weil ihr selbst das Stehen inmitten der sich immer wieder zur Türöffnung hereinwälzenden Schneewehen unbehaglich war. Diesmal jedoch wurde sie nicht so rasch mit sich selbst einig, denn einerseits hätte sie sich des unheimlichen Fremden gerne entledigt, andererseits aber machte sich in ihr die angeborene und durch Erziehung erhärtete englische Gastlichkeit fühlbar, so dass sie zaudernd stehen blieb und es nicht über sich brachte, dem Mann die Tür vor der Nase zuzuwerfen.

Es entstand also ein betretenes gegenseitiges Schweigen, um das herum der Wind pfiff, der Schnee wirbelte, die Buchen vor dem Haus ächzten und die Stechpalmenhecken raschelten, als plötzlich die kleine Cynthia die Initiative ergriff und sagte: „Won't you come in?“ Denn sie war gewöhnt, dies sagen zu hören, wenn jemand vor der Tür stand, und sie glaubte, die Mutter hätte es zu sagen versäumt.

„Thank you“, sagte der Fremde; und Mrs. Roscoe konnte sich nun keinesfalls mehr dazu entschließen, die vorlaute Einladung rückgängig zu machen und Cynthia bloßzustellen. Beängstigende Vorstellungen bedrängten ihr Gemüt, da sie beiseite trat, um nun den Mann einzulassen, nicht nur das wahrscheinlich Gesetzwidrige, Staatsgefährliche, ja fast dem Hochverrat Verschwisterte ihres Verhaltens, sondern auch Geschichten von Gräueln und Grausamkeiten, Kindermord und Vergewaltigung, begangen von feindlichen Eindringlingen in die Heimstätten friedlicher Menschen. Sie flehte den Himmel an, ihr Gatte Erny möchte doch so schnell wie möglich zurückkehren, um ihr Kind und sie selbst noch im letzten Augenblick zu retten. Aber mit der festen Haltung der Engländerin zeigte sie sogar ein freundliches Gesicht, denn dieser Mann war vermöge der Einladung Cynthias nunmehr zum Gast erhoben, und sie, Violet Roscoe, war nicht gesonnen, die traditionelle englische Gastfreiheit zu verletzen.

Sie bat den Gast in die Küche. Er warf auf das an der Wand hängende Jagdgewehr einen Blick, den Cynthia auffing und sagte: „Das ist geladen, denn Mr. Fuchs hat unsere Hühner besucht.“ Der Gast hatte hierzu nichts zu sagen. Mrs. Roscoe biss sich auf die Lippen. Es war schon düster geworden. Sie trat zum Fenster und zog vorschriftsmäßig erst den Blackout-Vorhang nieder, so dass es in der Küche stockfinster wurde und niemand niemanden sah. Dann entzündete sie die Petroleumlampe, atmete auf und bot dem Gast eine Tasse Tee an.

„Willst du nicht auch einen Muffin haben?“, fragte Cynthia. „Sie sind ganz frisch.“

Der Gast lächelte und auch Violet Roscoe riskierte ein Lächeln, während sie von dem Brett einige Muffins auf einen Teller schob, den sie vor den Gast stellte.

„What’s your name?“, fragte das Kind mit strenger Miene. „Ich heiße Cynthia.“

„Verzeihung“, sagte er, erschrocken nach Violet blickend, „ich habe ganz vergessen … Ach, nämlich: Nelson ist mein Name.“

„Hui, Lord Nelson“, jubelte Cynthia und klatschte in die Hände.

„Nein, o nein“, sagte der Gast, „nur Frank Nelson oder eigentlich Franz Nelson.“

Ein zurechtgemachter Name, dachte Violet. Dieser Mann ist nicht nur kein Engländer, er wagt es sogar, sich Nelson zu nennen, wobei er überdies noch zugibt, nicht Frank, sondern Franz zu heißen. Ein Deutscher also. O Himmel! Und gerade mir musste das passieren.

„Ich heiße aber wirklich Nelson“, sagte der Gast, als ob er den Gedankengang Mrs. Roscoes erraten hätte.

„Also komm spielen, Lord Nelson“, rief Cynthia und

breitete ein Linoleumtableau mit einem Wettrennspiel auf den Dielen vor dem Kamin aus. Sie brachte zwei kleine Zinnpferdchen und einen Würfel samt Becher. „Komm spielen, Lord Nelson! Ich hab' den Schimmel und du hast den Rappen. Auf welchen wettest du und wie viel?“

„Einen Sixpence auf meinen Rappen“, sagte Nelson, der seinen Rock abgelegt hatte und auf dem Fußboden niedergekniet war. Dies beruhigte Violet Roscoe, denn sie sah jetzt zumindest, dass der Mann unter seinem Rock keine Maschinenpistole verborgen hatte.

„Drei Haselnüsse“, sagte Cynthia, „drei Haselnüsse auf meinen Schimmel“, und begann zu würfeln. Sie würfelten emsig wechselweise, die Zinnpferdchen rückten vorwärts oder mussten gemäß der Spielregel an gewissen Punkten wieder zurückfallen, um danach wieder über Hürden, Wasserläufe und andere Hindernisse vorwärts zu setzen. Schließlich siegte Cynthias Schimmel.

„Lord Nelson, du hast verloren“, jauchzte sie. „Wo ist der Sixpence?“

„Hier, hier ist der Sixpence“, sagte der Gast.

„Was für ein Sixpence?“, hörte man jetzt die Stimme Erny Roscoes, der unvermutet aus dem Flur eingetreten war, noch eine Menge Schnee auf Schultern und Stiefeln. „Und wer ist der Gentleman?“, fragte er.

„Das ist Lord Nelson“, rief Cynthia triumphierend, „und er hat einen Sixpence gegen meinen Schimmel verloren.“

„Lord Nelson“, sagte Mr. Roscoe kopfschüttelnd. „I do not understand.“

Der Gast begann nun, seine Lage auseinander zu setzen. Er sei vom Kontinent, aber schon seit fast zwei Jahren im Lande. Er habe seine Papiere in Ordnung und auch seine Reiseerlaubnis. Er habe vor, in Coleford jemanden aufzusuchen, dem er schon seit langer Zeit verbunden, ja verpflichtet sei. Aber der Bus dorthin sei eingestellt wegen der Schneefälle. So habe er sich von Blakeney zu Fuß aufgemacht. Nun sei es spät geworden. Die Wege seien nicht bezeichnet, und so sei er hierher geraten. Vielleicht könne ihn Mr. Roscoe weiterbringen, nach Yorkley wenigstens, zum Constabler, wenn dies so sein müsste, oder irgendwohin, wo er übernachten könnte. Er würde alles begleichen und bäte um Verzeihung wegen der Belästigung.

„Kommt alles nicht in Frage", erklärte Erny Roscoe mit Entschiedenheit. „Erstens darf kein Ausländer nach Einbruch der Finsternis draußen sein. Sie wissen doch, dass Sie einer Curfew, einer Polizeistunde unterliegen. Zweitens kann kein Mensch jetzt durch den Schnee nach Yorkley gehen oder fahren, nicht einmal ich. Man hat Mühe, gerade noch innerhalb des Dorfes vorwärts zu kommen."

„Was soll ich nun aber anfangen?", fragte Nelson.

„Gar nichts", sagte Roscoe, „Sie müssen einfach bis morgen hier bleiben. Überdies werden jetzt jeden Augenblick die deutschen Bomber heransurren. Wie sollte man ohne Blendlicht durch dieses Schneetreiben dringen können?"

„Das mag stimmen", sagte Nelson. „Ich glaube übrigens nicht, dass die Deutschen heute kommen werden."

„So", sagte Roscoe, „warum denn nicht? Haben Sie vielleicht besondere Informationen?" In Roscoes Tonfall war etwas tief Misstrauisches. Woher sollte er wissen, dass die Mitteilungen dieses Menschen wahr, seine Papiere echt und seine Absichten redlich waren? Er nahm sich vor, ihn – so weit es ging – auf die Probe zu stellen.

„Nein", sagte Nelson, „ich habe keine besonderen Informationen, aber es ist doch Weihnachtsabend, und da glaubte ich, dass sogar die Deutschen …"

Bei den Worten „sogar die Deutschen" horchte Roscoe auf. „Woher stammen Sie denn?", fragte er.

„Aus Deutschland", sagte Nelson.

„So, Sie stammen also aus Deutschland. Und Sie sind, wie ich Ihren Aussagen entnehme, von dort geflohen. Und Sie haben vermutlich dort alle Habe verloren. Und es sind möglicherweise dort etliche Ihrer Angehörigen und Freunde schuldlos umgekommen. Ist das nicht so?"

„Ja", sagte Nelson, „das ist so, wie Sie sagen."

„Und trotzdem glauben Sie, dass diese Deutschen am Weihnachtsabend auf unser Old England keine Bomben werfen werden. Warum glauben Sie das? Oder wissen Sie es vielleicht?"

„Das kann ich nicht so leicht beantworten. Aber man kann annehmen, dass auch die Deutschen an Weihnachten ihre Ruhe haben wollen."

„There you might have a point", gab Roscoe zu. Er hatte die Stiefel, die Jacke und auch sein Oberhemd abgelegt, dabei aber Nelson keinen Moment unbeobachtet gelassen. Dieser merkte das und hielt den Blick gesenkt. Roscoe stand vor dem aus der Küchenwand vorspringenden Waschbecken und begann nun mit Seifenwasser und Lappen Gesicht und Hände zu schrubben, wie er dies täglich tat, wenn er aus dem Schacht heimkam. Heute hatte er zwar frei, aber mit den Stacheldrähten dennoch harte Arbeit gehabt, und überdies gehörte dies abendliche Schrubben für ihn zum Ritus des Lebens. Aber auch während er schrubbte, ließ er Nelson nicht aus den Augen. Cynthia hielt dem Vater das Handtuch bereit. Das gehörte zu ihren Gewohnheitsrechten.

Es wurde jetzt einige Zeit überhaupt nicht gesprochen. Violet war beschäftigt, für den Abendtee eine Cottage-Pie zurecht zu machen. Kaninchenhaschee von einem Ring Kartoffelbrei umschlossen, das Ganze im Ofen mit einer Kruste überbacken.

„Lord Nelson, ich möchte weiterspielen", verlangte Cynthia nach einer Weile.

„Genug gespielt“, sagte der Vater. „Morgen ist Weihnachtstag. Da kannst du von früh bis Abend spielen.“

Cynthia brummte ein wenig, packte aber dann gehorsam das ganze Wettrennen in eine Schachtel.

„Wen wollten Sie denn eigentlich in Coleford besuchen?“, fragte Roscoe lauernd.

„Ja, wen wollte ich nur besuchen“, sagte der Gast. „Ich bin jetzt ganz konfus geworden. Richtig! Eine Frau. Als ich sie das letzte Mal sah, vor etwas mehr als zwanzig Jahren, war es in einem Lazarett.“

„Im ersten Krieg vielleicht noch?“

„Ja. Lyra Bennett hieß sie.“

„Kenne ich nicht in Coleford. Violet, kennst du jemanden dort, der so heißt?“

„Nein. Aber ich kenne auch nicht alle Leute. Vielleicht hat sie seither geheiratet und ist längst fortgezogen.“

Roscoe runzelte die Stirn. Der Gast sah nicht so aus, als hätte er schon im ersten Krieg gedient. Er mochte höchstens dreißig Jahre alt sein.

„Ich war damals elternlos und ein siebenjähriger Junge“, sagte er, als hätte er Roscoes Misstrauen bemerkt und wollte es beheben. „Es war gegen Ende des Krieges. Miss Bennett sorgte für mich.“ Und er setzte hinzu: „Es ist mir sehr peinlich, Ihnen zur Last zu fallen.“

„Don't mention it“, antwortete Erny Roscoe. „Es ist nicht der Rede wert. Wir müssen uns nur darüber klar werden, wo Sie schlafen können.“ Diese Frage zu lösen war nun für Roscoe keineswegs einfach. Er sagte sich, dass er eigentlich während der ganzen Nacht wach bleiben und den fragwürdigen Besucher unter Aufsicht halten müsse. Denn nichts von dem, was dieser bisher vorgebracht hatte, konnte ohne weiteres als bare Münze genommen werden. Auch Spione und Agenten gaben sich als Opfer des Feindes aus, um sich in das Vertrauen von Engländern einzuschleichen.

Unbewacht konnte dieser Mann nachts Lichtsignale geben oder gar das ganze Haus als Fanal in Flammen setzen und sich nachher während der Verwirrung in die Wälder schlagen. Draußen war es bereits stockdunkel, und Roscoe wagte nicht einmal, das Haus jetzt zu verlassen, um etwa einen Nachbarn zu Rate zu ziehen. Eine Weile erwog er, Violet auszusenden, aber der nun zu Blizzardstärke ausgeartete Sturm brachte ihn von diesem Gedanken ab.

Räumte man dem Fremden droben die Kammer ein, so war er zwar isoliert und konnte nicht leicht fort, dafür aber war er imstande, von dort aus allerlei Gefährliches zu vollführen. Hier unten in der Küche oder im Wohnzimmer blieb er auch ohne jede Kontrolle und mochte überdies nach vollbrachter Übeltat sich einfach aus dem Staub machen, bevor die Familie oben im Schlafraum etwas merkte. Es blieb also anscheinend nichts anderes übrig, als den Mann die ganze Nacht über zu bewachen.

Aber Erny Roscoe hatte nicht die Natur eines Kerkermeisters. Im Grunde schämte er sich seines Misstrauens. Er war gewöhnt, bis zum Beweis der Unwürdigkeit jedem mit Vertrauen zu begegnen. Andererseits war Krieg, und Roscoe erfuhr in sich das von ihm noch nie erlebte Entsetzen einer Gesamtverantwortlichkeit. Es war, als ob sich an dieser steilen Klippe die immer wieder herankommenden Wogen von Misstrauen unablässig brächen.

Roscoe überlegte, wie er dem Mann kleine Fallen stellen könnte, um sich seiner zu vergewissern. Es fiel ihm aber nichts ein. Cynthia jedoch, die derartige Fallen nicht erwog, stellte ihm unbewusst eine.

„Lord Nelson, how is your mummy“, fragte sie. Roscoe griff diese Frage sogleich auf und setzte hinzu: „Ja, was hören Sie von den Ihren aus Deutschland?“ Roscoe wusste, dass jede Art von Verbindung oder Korrespondenz mit Feindesland auch auf dem Umweg über neutrale Länder verboten war.

Der Gast machte ein erstauntes Gesicht. „Aus Deutschland? Wie sollte ich von dort etwas hören?"

Man setzte sich zum Abendtee. Der Cottage-Pie wurde aufgetragen. Cynthia sprach das Gebet. „For what we are going to receive the Lord God may make us truly thankful."

Als abgedeckt worden war, sagte Erny: „In unserer Gegend hier feiert man den Weihnachtsabend nicht besonders. Nur die Kinder gehen von Haus zu Haus und singen die alten Carols. Wenn der Sturm draußen aufhören würde, kämen sie vielleicht auch heute. Sonst ist nichts los. Das Fest ist morgen. Morgen empfängt man auch die Geschenke. Bei Ihnen, so sagt man, gibt es Tannenbäume mit Lichtern. Wir haben stattdessen einen Mistelzweig. Ja, den haben wir im Wohnzimmer an der Hängelampe."

„Wenn ich groß bin, Lord Nelson", rief Cynthia, „dann kommst du mit mir unter den Mistelzweig und dann ..."

„Unsinn", schnappte Roscoe.

„Ja, ich weiß genau, was dann alles sein wird", ließ sich Cynthia nicht abbringen, „die Hazel hat es mir erzählt."

„Die Hazel weiß auch nicht alles", sagte Violet. „Sie ist ein genauso kleines Mädchen wie du."

„Sie weiß alles", erklärte Cynthia, „und ich werde dann Lord Nelson heiraten."

„Was für Dummheiten sie redet", sagte Violet.

„Der Mistelzweig ist ein Zauberzweig", rief Cynthia. „Kannst du zaubern, Lord Nelson?"

„Zaubern?" Der Gast dachte nach. „Vielleicht", sagte er dann, „ein wenig."

„So zauber mir etwas, zauber mir etwas", jubelte Cynthia.

Der Gast setzte sich zwischen die Lampe und die weiße Wand. Er hob seine Hände und begann sie so zu stellen und zu formen, dass die hübschesten Schattenbilder auf der Wand erschienen.

„Pass auf, Cynthia. Wer kommt da? Siehst du den Mann?

Es ist der alte böse Kaiser Augustus. Sieh, wie sein Mantel wallt. Und was tut er? Er zählt seine Untertanen. Eins, zwei, drei, vier und so fort. Sie müssen zum Abzählen alle in der Reihe stehen. Aber da, noch ziemlich weit in der Ferne, ist ein Haus. Siehst du das Haus? Es ist schon recht verfallen. Eigentlich ist es nur ein alter Stall. Aber wir wollen einmal sehen, wer darin ist. Es sind Menschen, die auch zum Abzählen gekommen sind, aber übernachten mussten. Und dabei ist ihnen ein Baby geboren worden. Und wer sind die Menschen? Da rechts steht der Mann. Er heißt Josef. Jetzt dreht er sich um und ruft einen Ochsen. So, da kommt der Ochse. Siehst du die Hörner? Und jetzt ruft er den Esel. – Da ist er schon mit seinen langen Ohren."

„Der Esel Enoch, der Esel Enoch", rief Cynthia.

„Enoch? Meinetwegen. Er mag Enoch geheißen haben. Und da siehst du jetzt Maria. Sie neigt sich ein wenig nach vorn, denn sie hat das Jesuskind im Schoß. Siehst du, wie winzig es ist? Man kann eben noch den Kopf sehen."

„Lass es mich doch ganz sehen", bettelte Cynthia.

„Das ist nicht so einfach", sagte der Fremde. „Aber sieh nur hin, wie es den Kopf hebt! Es ist eben zur Welt gekommen und kann den Kopf schon hoch halten. Das will etwas bedeuten! Und jetzt kommen die Hirten und die Schafe, da siehst du sie herannahen, immer ein Hirt und ein paar Schafe. Aber oben darüber, siehst du, was da jetzt erscheint? Es ist ein Engel. Er hat große, gewaltige Flügel. Diese Flügel, sie strahlen in Wirklichkeit, und du siehst jetzt nur deshalb den Schatten, den sie werfen, weil das noch viel mehr strahlende Licht Gottes und der Ewigkeit auf diese Flügel fällt. Und in diesem unbeschreiblichen Glanz hört man den Engel rufen: ‚Ich verkündige euch eine große Freude … Friede auf Erden und den Menschen ein Wohlgefallen!'"

Der Gast schwieg, und es war eine kristallklare Stille. Selbst der Sturm draußen hatte sich gelegt.

„Sie können vielleicht oben in der Kammer schlafen“, sagte Erny mit heiserer Stimme. „Die Deutschen scheinen ja heute wirklich nicht zu kommen. Seien Sie trotzdem vorsichtig mit dem Licht, Sir.“

„Verlassen Sie sich darauf“, sagte der Gast. „Mit Licht weiß ich schon Bescheid.“

„Und morgen“, sagte Erny, „morgen werden wir dann schon sehen, wie wir Sie nach Coleford bringen.“

„Nein, nein, nein“, rief Cynthia. „Lord Nelson muss hier bleiben. Unter dem Mistelzweig. Dann wird er mir täglich zaubern!“

„Niemand kann täglich zaubern“, sagte Violet. „Du darfst dem Gentleman jetzt einen Gutenachtkuss geben.“

„Merry Christmas“, sagte der Gast und küsste Cynthia mitten auf den Mund.

„Merry Christmas, Lord Nelson! Aber du hast vergessen, etwas zu zaubern.“

„Was denn?“

„Den Stern, Lord Nelson, den Stern!“

„Ja, den Stern“, sagte der Lord. „Der Stern hat mir schon immer Schwierigkeiten bereitet. Um Sterne zu zaubern, dazu gehört freilich etwas ganz Besonderes. Das kann nur der liebe Gott. Und auch dem ist es bisher nur ein einziges Mal gelungen.“

Selma Lagerlöf

Die Heilige Nacht

Als ich fünf Jahre alt war, hatte ich einen großen Kummer. Ich weiß kaum, ob ich seitdem einen größeren gehabt habe.

Das war, als meine Großmutter starb. Bis dahin hatte sie jeden Tag auf dem Ecksofa in ihrer Stube gesessen und Märchen erzählt.

Ich weiß es nicht anders, als dass Großmutter dasaß und erzählte, vom Morgen bis zum Abend, und wir Kinder saßen still neben ihr und hörten zu. Das war ein herrliches Leben. Es gab keine Kinder, denen es so gut ging wie uns.

Ich erinnere mich nicht an sehr viel von meiner Großmutter. Ich erinnere mich, dass sie schönes, kreideweißes Haar hatte, und dass sie sehr gebückt ging, und dass sie immer dasaß und an einem Strumpf strickte.

Dann erinnere ich mich auch, dass sie, wenn sie ein Märchen erzählt hatte, ihre Hand auf meinen Kopf zu legen pflegte, und dann sagte sie: „Und das alles ist so wahr, wie dass ich dich sehe und du mich siehst."

Ich entsinne mich auch, dass sie schöne Lieder singen konnte, aber das tat sie nicht alle Tage. Eines dieser Lieder handelte von einem Ritter und einer Meerjungfrau, und es hatte den Kehrreim: „Es weht so kalt, es weht so kalt, wohl über die weite See."

Dann entsinne ich mich eines kleinen Gebetes, das sie mich lehrte, und eines Psalmverses.

Von allen den Geschichten, die sie mir erzählte, habe ich nur eine schwache, unklare Erinnerung. Nur an eine einzige von ihnen erinnere ich mich so gut, dass ich sie erzählen könnte. Es ist eine kleine Geschichte von Jesu Geburt.

Seht, das ist beinah alles, was ich noch von meiner Großmutter weiß, außer dem, woran ich mich am besten erinnere, nämlich dem großen Schmerz, als sie dahinging.

Ich erinnere mich an den Morgen, an dem das Ecksofa leer stand und es unmöglich war, zu begreifen, wie die Stunden des Tages zu Ende gehen sollten. Daran erinnere ich mich. Das vergesse ich nie.

Und ich erinnere mich, dass wir Kinder hingeführt wurden, um die Hand der Toten zu küssen. Und wir hatten Angst, es zu tun, aber da sagte uns jemand, dass wir nun zum letzten Mal Großmutter für alle die Freude danken könnten, die sie uns gebracht hatte.

Und ich erinnere mich, wie Märchen und Lieder vom Hause wegfuhren, in einen langen, schwarzen Sarg gepackt, und niemals wiederkamen.

Ich erinnere mich, dass etwas aus dem Leben verschwunden war. Es war, als hätte sich die Tür zu einer ganzen schönen, verzauberten Welt geschlossen, in der wir früher frei aus- und eingehen durften. Und nun gab es niemand mehr, der sich darauf verstand, diese Tür zu öffnen.

Und ich erinnere mich, dass wir Kinder so allmählich lernten, mit Spielzeug und Puppen zu spielen und zu leben wie andere Kinder auch, und da konnte es ja den Anschein haben, als vermissten wir Großmutter nicht mehr, als erinnerten wir uns nicht mehr an sie.

Aber noch heute, nach vierzig Jahren, wie ich dasitze und die Legenden über Christus sammle, die ich drüben im Morgenland gehört habe, wacht die kleine Geschichte von Jesu Geburt, die meine Großmutter zu erzählen pflegte, in mir auf. Und ich bekomme Lust, sie noch einmal zu erzählen und sie auch in meine Sammlung mit aufzunehmen.

Es war an einem Weihnachtstag, alle waren zur Kirche gefahren, außer Großmutter und mir. Ich glaube, wir beide waren im ganzen Hause allein. Wir hatten nicht mitfahren können, weil die eine zu jung und die andere zu alt war. Und alle beide waren wir betrübt, dass wir nicht zum Mettegesang fahren und die Weihnachtslichter sehen konnten.

Aber wie wir so in unserer Einsamkeit saßen, fing Großmutter zu erzählen an.

„Es war einmal ein Mann", sagte sie, „der in die dunkle Nacht hinausging, um sich Feuer zu leihen. Er ging von Haus zu Haus und klopfte an. ‚Ihr lieben Leute, helft mir!', sagte er. ‚Mein Weib hat eben ein Kindlein geboren, und ich muss Feuer anzünden, um sie und den Kleinen zu erwärmen.' Aber es war tiefe Nacht, so dass alle Menschen schliefen, und niemand antwortete ihm.

Der Mann ging und ging. Endlich erblickte er in weiter Ferne einen Feuerschein. Da wanderte er dieser Richtung zu und sah, dass das Feuer im Freien brannte. Eine Menge weiße Schafe lagen rings um das Feuer und schliefen, und ein alter Hirt wachte über der Herde. Als der Mann, der Feuer leihen wollte, zu den Schafen kam, sah er, dass drei große Hunde zu Füßen des Hirten ruhten und schliefen. Sie erwachten alle drei bei seinem Kommen und sperrten ihre weiten Rachen auf, als ob sie bellen wollten, aber man vernahm keinen Laut. Der Mann sah, dass sich die Haare auf ihrem Rücken sträubten, er sah, wie ihre scharfen Zähne funkelnd weiß im Feuerschein leuchteten, und wie sie auf ihn losstürzten. Er fühlte, dass einer nach seiner Hand, und dass einer sich an seine Kehle hängte. Aber die Kinnladen und die Zähne, mit denen die Hunde beißen wollten, gehorchten ihnen nicht, und der Mann litt nicht den kleinsten Schaden.

Nun wollte der Mann weitergehen, um das zu finden, was er brauchte. Aber die Schafe lagen so dicht nebeneinander, Rücken an Rücken, dass er nicht vorwärts kommen konnte. Da stieg der Mann auf die Rücken der Tiere und wanderte über sie hin dem Feuer zu. Und keins von den Tieren wachte auf oder regte sich."

So weit hatte Großmutter ungestört erzählen können, aber nun konnte ich es nicht lassen, sie zu unterbrechen. „Warum regten sie sich nicht. Großmutter?", fragte ich. „Das wirst du nach einem Weilchen schon erfahren", sagte Großmutter und fuhr mit ihrer Geschichte fort.

„Als der Mann fast beim Feuer angelangt war, sah der Hirt auf. Es war ein alter, mürrischer Mann, der unwirsch und hart gegen alle Menschen war. Und als er einen Fremden kommen sah, griff er nach seinem langen, spitzigen Stabe, den er in der Hand zu halten pflegte, wenn er seine Herde hütete, und warf ihn nach ihm. Und der Stab fuhr zischend gerade auf den Mann los, aber ehe er ihn traf, wich er zur Seite und sauste, an ihm vorbei, weit über das Feld."

Als Großmutter so weit gekommen war, unterbrach ich sie abermals. „Großmutter, warum wollte der Stock den Mann nicht schlagen?" Aber Großmutter ließ es sich nicht einfallen, mir zu antworten, sondern fuhr mit ihrer Erzählung fort.

„Nun kam der Mann zu dem Hirten und sagte zu ihm: ‚Guter Freund, hilf mir, und leih mir ein wenig Feuer. Mein Weib hat eben ein Kindlein geboren, und ich muss Feuer machen, um sie und den Kleinen zu erwärmen.' Der Hirt hätte am liebsten nein gesagt, aber als er daran dachte, dass die Hunde dem Manne nicht hatten schaden können, dass die Schafe nicht vor ihm davongelaufen waren und dass sein Stab ihn nicht fällen wollte, da wurde ihm ein wenig bange, und er wagte es nicht, dem Fremden das abzuschlagen, was er begehrte. ‚Nimm, so viel du brauchst', sagte er zu dem Manne.

Aber das Feuer war beinahe ausgebrannt. Es waren keine Scheite und Zweige mehr übrig, sondern nur ein großer Gluthaufen, und der Fremde hatte weder Schaufel noch Eimer, worin er die roten Kohlen hätte tragen können.

Als der Hirt dies sah, sagte er abermals: ‚Nimm, so viel du brauchst!' Und er freute sich, dass der Mann kein Feuer wegtragen konnte. Aber der Mann beugte sicht hinunter, holte die Kohlen mit bloßen Händen aus der Asche und legte sie in seinen Mantel. Und weder versengten die Kohlen seine Hände, als er sie berührte, noch versengten sie seinen Mantel, sondern der Mann trug sie fort, als wenn es Nüsse oder Äpfel gewesen wären."

Aber hier wurde die Märchenerzählerin zum dritten Mal unterbrochen. „Großmutter, warum wollte die Kohle den Mann nicht brennen?"

„Das wirst du schon hören", sagte Großmutter, und dann erzählte sie weiter.

„Als dieser Hirt, der ein so böser, mürrischer Mann war, dies alles sah, begann er sich bei sich selbst zu wundern: ‚Was kann dies für eine Nacht sein, wo die Hunde die Schafe nicht beißen, die Schafe nicht erschrecken, die Lanze nicht tötet und das Feuer nicht brennt?' Er rief den Fremden zurück und sagte zu ihm: ‚Was ist dies für eine Nacht? Und woher kommt es, dass alle Dinge dir Barmherzigkeit zeigen?'

Da sagte der Mann: ‚Ich kann es dir nicht sagen, wenn du selber es nicht siehst.' Und er wollte seiner Wege gehen, um bald ein Feuer anzünden und Weib und Kind wärmen zu können.

Aber da dachte der Hirt, er wolle den Mann nicht ganz aus dem Gesicht verlieren, bevor er erfahren hatte, was dies alles bedeute. Er stand auf und ging ihm nach, bis er dorthin kam, wo der Fremde daheim war.

Da sah der Hirt, dass der Mann nicht einmal eine Hütte hatte, um darin zu wohnen, sondern er hatte sein Weib und sein Kind in einer Berggrotte liegen, wo es nichts gab als nackte, kalte Steinwände.

Aber der Hirt dachte, dass das arme unschuldige Kindlein vielleicht dort in der Grotte erfrieren würde, und obgleich er ein harter Mann war, wurde er davon doch ergriffen und beschloss, dem Kinde zu helfen. Und er löste sein Ränzel von der Schulter und nahm daraus ein weiches weißes Schaffell hervor. Das gab er dem fremden Manne und sagte, er möge das Kind darauf betten.

Aber in demselben Augenblick, in dem er zeigte, dass auch er barmherzig sein konnte, wurden ihm die Augen geöffnet, und er sah, was er vorher nicht hatte sehen, und hörte, was er vorher nicht hatte hören können.

Er sah, dass rund um ihn ein dichter Kreis von kleinen, silberbeflügelten Englein stand. Und jedes von ihnen hielt ein Saitenspiel in der Hand, und alle sangen sie mit lauter Stimme, dass in dieser Nacht der Heiland geboren wäre, der die Welt von ihren Sünden erlösen solle.

Da begriff er, warum in dieser Nacht alle Dinge so froh waren, dass sie niemand etwas zuleide tun wollten.

Und nicht nur rings um den Hirten waren Engel, sondern er sah sie überall. Sie saßen in der Grotte, und sie saßen auf dem Berge, und sie flogen unter dem Himmel. Sie kamen in großen Scharen über den Weg gegangen, und wie sie vorbeikamen, blieben sie stehen und warfen einen Blick auf das Kind.

Es herrschte eitel Jubel und Freude und Singen und Spiel, und das alles sah er in der dunkeln Nacht, in der er früher nichts zu gewahren vermocht hatte. Und er wurde so froh, dass seine Augen geöffnet waren, dass er auf die Knie fiel und Gott dankte."

Aber als Großmutter so weit gekommen war, seufzte sie und sagte: „Aber was der Hirte sah, das könnten wir auch sehen, denn die Engel fliegen in jeder Weihnachtsnacht unter dem Himmel, wenn wir sie nur zu sehen vermögen."

Und dann legte Großmutter ihre Hand auf meinen Kopf und sagte: „Dies sollst du dir merken, denn es ist so wahr, wie dass ich dich sehe und du mich siehst. Nicht auf Lichter und Lampen kommt es an, und es liegt nicht an Mond und Sonne, sondern was Not tut, ist, dass wir Augen haben, die Gottes Herrlichkeit sehen können."

Fritz von Bodelschwingh

Das Wunder der heiligen Nacht

Das ist das Wunder der heiligen Nacht,
dass ein hilfloses Kind
unser aller Helfer wird.

Das ist das Wunder der heiligen Nacht,
dass in die Dunkelheit der Erde
die helle Sonne scheint.

Das ist das Wunder der heiligen Nacht,
dass traurige Leute
ganz fröhlich werden können.

Das ist das Wunder der heiligen Nacht:
Das Kind nimmt unser Leben in seine Hände,
um es niemals wieder loszulassen.

Das Lied der Engel

Lukas 2, 8–16

Und es waren Hirten in derselben Gegend auf dem Felde bei den Hürden, die hüteten des Nachts ihre Herde. Und der Engel des Herrn trat zu ihnen, und die Klarheit des Herrn leuchtete um sie; und sie fürchteten sich sehr. Und der Engel sprach zu ihnen: „Fürchtet euch nicht! Siehe, ich verkündige euch große Freude, die allem Volk widerfahren wird; denn euch ist heute der Heiland geboren, welcher ist Christus, der Herr, in der Stadt Davids. Und das habt zum Zeichen: Ihr werdet finden das Kind in Windeln gewickelt und in einer Krippe liegen."

Und alsbald war da bei dem Engel die Menge der himmlischen Heerscharen, die lobten Gott und sprachen: „Ehre sei Gott in der Höhe und Friede auf Erden bei den Menschen seines Wohlgefallens."

Und als die Engel von ihnen gen Himmel fuhren, sprachen die Hirten untereinander: „Lasst uns nun gehen nach Bethlehem und die Geschichte sehen, die da geschehen ist, die uns der Herr kundgetan hat."

Und sie kamen eilend und fanden beide, Maria und Josef, dazu das Kind in der Krippe liegen.

Christel Heintze

Wie der kleine Fratz ein richtiger Engel wurde

Da saß er, trotzig in die Ecke gedrängt, mit hängender Unterlippe, die kleine Stirn in Falten gezogen, in den roten Fäusten die hölzerne Flöte: Fratz, der jüngste Engel im Himmel. Mit schweren, harten Schritten näherte sich Cherubim, der älteste Oberengel, und kam direkt auf Fratz zu.

„Fratz", klang es laut durch den Himmel, „so kann es nicht weitergehen! Engel Boas hat dich gebeten, nur einmal auf deiner Flöte spielen zu dürfen, und wieder hast du ‚Nein' gesagt! Immer denkst du nur an dich selbst! Wirst du denn nie ein richtiger Engel werden? Es ist natürlich klar, dass du heute Abend nicht zum Hirtenfeld mitkommen wirst, um das große Gloria zu singen und den Männern zu verkündigen, dass das Christuskind geboren ist." Die letzten Worte sagte Cherubim, als er schon zurückging und Fratz wieder ganz allein in seiner Ecke saß.

Ganz erschreckt wollte er aufspringen: nicht mitsingen, nicht mitflöten, das große Gloria, das er wochenlang geübt, auswendig gelernt hatte – den Augenblick nicht miterleben, auf den er sich morgens, mittags und jeden Abend beim Einschlafen gefreut hatte? Das war schrecklich. Das konnte doch nicht sein! Ganz erstarrt saß Fratz da und wusste doch: nun war alles zu spät! Wenn Cherubim gesprochen hatte, dann gab es kein Zurück mehr. Ach, warum hatte er dem Boas die Flöte nicht gegeben? Sicher hatte Cherubim Recht: Er würde nie ein richtiger Engel werden!

Stunden waren vergangen. Fratz hatte nicht gegessen, nicht getrunken. Immer noch saß er in seiner Ecke, während es rings um ihn her beim Einbruch der Dämmerung raschelte, flüsterte, huschte und kicherte. All die vielen Engel machten sich fertig, um gleich zu den Hirten zu ziehen und mit Cherubim die Botschaft Gottes vom neugeborenen Kind zu verkündigen und das große Gloria zu singen. Eine letzte Probe, und nun zogen sie davon, ein langer, unübersehbarer Zug. Am Schluss flog Boas, drehte sich noch einmal um und streckte Fratz die Zunge aus. Das fand Fratz sehr gemein.

Ganz leise stand er auf, hatte die Flöte dicht an sein klopfendes Herz gedrückt und zog auf leisen Füßen hinter den anderen her. Jedenfalls zuhören wollte er, wenn der große Lobgesang erklang. Und dann war es so weit. Cherubim rief mit lauter Stimme: „Fürchtet euch nicht! Siehe! Ich verkündige euch große Freude, die allem Volk widerfahren wird, denn euch ist heute der Heiland geboren, welcher ist Christus, der Herr, in der Stadt Davids. Und das habt zum Zeichen: Ihr werdet finden das Kind in Windeln gewickelt und in einer Krippe liegen."

Und nun erscholl das große Gloria, und es klang so gewaltig und so herrlich, dass Fratz vor lauter Freude und Begeisterung in die Hände klatschte und – o weh, da passierte es, da fiel die kleine, über alles geliebte Flöte hinunter auf die Erde. Nichts mehr hörte Fratz von dem herrlichen Gesang, nichts sah er mehr von all dem himmlischen Glanz. Es war, als wäre alles Licht für den kleinen Engel Fratz erloschen. Und ehe er sich besann, sprang der jüngste Engel auf die Erde seiner Flöte nach. Er landete auf einem düsteren Feld, mitten zwischen einigen wenigen Schafen, die erschreckt auseinander sprangen.

Da entdeckte Fratz einen alten, schnarchenden Hirten. Ob er all die Worte Cherubims und das herrliche Gloria nicht gehört hatte? Aber nein! Nun hörte ihn Fratz vor sich hingrummeln. Die kleine Flöte war direkt neben ihn auf den Boden gefallen, und der alte Mann betrachtete das kleine

Ding von allen Seiten. Ganz schnell drängelte sich Fratz durch die weichen Schäfchen hindurch und bat den alten Mann, er möge ihm doch seine geliebte Flöte wiedergeben. Aber der Alte lachte nur bitter auf: „Ha“, sagte er, „wer sagt mir denn, dass das deine Flöte ist? Und wenn schon, hast selbst Schuld, wenn du sie verlierst! Pass doch besser auf.“ Und all das sagte der Mann so hart und sah dabei so finster aus, dass der kleine Engel Fratz einen großen Schrecken bekam.

Aber dann fiel ihm plötzlich ein, dass Cherubim einmal gesagt hatte, Menschen, die ganz finster und hart aussähen, die hätte im Leben nie jemand richtig lieb gehabt. Und als ihm das einfiel, da setzte er sich ganz still neben den finsteren Hirten und überlegte, wie er diesen denn nun einmal richtig lieb haben könne. Und weil ihm zunächst einmal nichts, aber gar nichts einfiel, darum blieb er einfach sitzen und hörte nur zu, wie der Alte schrecklich schimpfte: auf die anderen Hirten, die ihn weggejagt hatten, und den Bauern, der ihm nicht genug Geld gab, und auf seine Mutter, die ihm als kleinem Jungen solch eine kleine Flöte weggenommen hatte, weil man damit kein Geld verdienen könne, und schließlich auf den lieben Gott, der ihn, den alten Janosch, längst vergessen habe. Und dann wusste Janosch (Fratz hatte während all des Geschimpfs erfahren, wie der alte Hirte hieß) wohl niemand mehr, auf den er schimpfen konnte, und es war eine lange Weile ganz still zwischen dem alten Mann und dem kleinen Engel.

Dann fiel Fratz plötzlich etwas ein. „Ich könnte dir ja einmal etwas vorspielen“, sagte er. „Ich kann das große Gloria, das unsere Engel eben da drüben bei deinen Nachbarhirten gesungen haben.“ Mürrisch warf Janosch dem Fratz die kleine Flöte zu, aber Fratz merkte schon, dass Janosch das große Gloria gerne noch einmal hören wollte, und er gab sich große Mühe, es ganz fehlerlos zu spielen, damit Janosch merkte, dass Fratz ihn wirklich lieb haben wollte. Und wirklich: Janosch hörte richtig zu, aber auf einmal fluchte er wieder, weil eine ganz kleine Träne über seine Backe in den schwarzen Bart lief.

„Musst du nun nicht endlich wieder zu deinem Cherubim und den anderen Engeln?", fragte Janosch jetzt. „Eigentlich schon", sagte Fratz, „aber, a-a-a-ber ..." Hier kam er nicht weiter, denn er wusste nicht so recht, durfte er dem alten, finsteren Mann wohl sagen, was er gerade dachte? Aber da fuhr Janosch ihn schon an: „Da, sag schon – aber … a-a-aber – was bedeutet das denn? Was willst du denn noch?"

Da seufzte Fratz ganz tief auf und stieß hervor: „Ach, weißt du, Janosch, ich möchte ja so schrecklich gerne auch zu dem Stall und zu der Krippe, wo das kleine Christuskind liegt." Ein Glück! Nun hatte er es gesagt. Vielleicht, ach ganz vielleicht ...

Aber da schimpfte und grummelte Janosch schon wieder los: „Das ist doch alles Quatsch! So ein kleines Kind und ein Retter der Welt, Blödsinn! Du solltest schleunigst abmarschieren nach Hause, aber dir ist ja alles zuzutrauen!" Dabei schielte der alte Mann sehr misstrauisch zu Fratz hinüber und murmelte noch etwas von Räubern und Wölfen, und dass man schließlich so einen kleinen missratenen Engel nicht allein durch Feld und Wald gehen lassen dürfe. Und dann griff Janosch sehr schnell zu seinem Stock und stapfte mit einem kleinen Engel los in die dunkle Nacht. Später kam es Fratz ein wenig seltsam vor, dass Janosch so schnell aufgesprungen und losgeeilt war. Vielleicht wollte Janosch selbst das Christuskind gerne sehen?

Endlich, endlich kamen der große Hirte und der kleine Engel an dem alten Stall an. Es war schon sehr spät, und die anderen Hirten waren längst wieder bei ihren Herden. Ganz leise holte Joseph die späten Gäste noch herein und führte sie zur Krippe. Das Christuskindchen schien zu schlafen, aber als Janosch auf die Knie fiel und dabei all' seine alten Knochen so schrecklich knackten, da wachte es noch einmal auf und sah den grauen, finsteren Janosch ganz lieb an. Fratz sah es genau und seufzte: „Ach ja! Du hast den alten Janosch wohl wirklich sehr lieb! Wenn ich das Liebhaben doch auch so gut fertig brächte!" Das muss der Engel wohl laut gedacht haben, denn das Kindchen drehte sich plötzlich um und sah den kleinen Fratz ebenso lieb an. – Nun aber zupfte Joseph die beiden an der Schulter und machte ihnen ein Zeichen, dass Maria und das Kind jetzt schlafen müssten.

Ganz still, ohne ein Wort zu sagen, stapften Janosch und Fratz den weiten Weg durch den stillen Wald und über die Felder und schlafenden Wiesen dahin. Und je länger sie gingen, desto schwerer wurde dem jüngsten Engel des Himmels die Flöte, die er dicht an sein Herz gedrückt hatte, damit sie in der eisigen Winternacht nicht zu kalt würde. Immer mehr war es Fratz, als zöge ihn das Gewicht der Flöte zu Boden, und gleichzeitig kam es ihm vor, als wollte das kleine Herz zerspringen vor lauter Lust, je schwerer die Flöte auf der Brust des Engels ruhte.

Endlich waren die beiden müden Wanderer an Janoschs Feld angekommen. Fratz wollte sich vom alten Hirten verabschieden. Aber da entdeckte er in dem alten, zerfurchten Gesicht des fremden Mannes wieder die kleine Träne, die im Bart hängen geblieben war, und ehe er's recht bedachte, nahm er eben dieses Gesicht in seine beiden dicken Arme und drückte einen schmatzigen Kuss in Janoschs wilden, zerzausten Bart und legte ihm die kleine Flöte in seine zittrigen, welken Hände. Schon flog der kleine Engel zurück zu den anderen. Es war ihm ganz leicht und froh ums Herz.

Oben nahm ihn Cherubim selbst in Empfang. „Da bist du ja, du kleiner Ausreißer!", sagte er und drückte ihm ein kleines Päckchen in die Hand. Erstaunt sah Fratz dem würdigen Engel nach, um nun neugierig das Päckchen aufzuschnüren.

„Für Fratz“, stand darauf, „der endlich gelernt hat, ein Engel zu sein.“ Und heraus fiel eine winzige, zauberhaft goldene Flöte.

Staunend nahm Fratz sie an die Lippen und spielte erst zögernd und dann immer glücklicher: „Gloria, Gloria in excelsis deo.“ Glücklicherweise sah er nicht, wie um ihn herum das ganze Himmelsvolk zusammenströmte, um zuzuhören und zu flüstern: „So schön hat im Himmel noch niemand gespielt!“

Fritz von Bodelschwingh

Da wird es hell

Es war an einem Weihnachtsabend in einem Haus für epileptische Jungen in Bethel. Ein Strom der Freude ging durch das Haus, so mächtig, wie man es an anderen Orten der Erde kaum erlebt. Das war ein Jubilieren und Musizieren in hundert Tönen zugleich.

Am Rand des Zimmers aber ging ein Junge immer auf und ab mit großen Schritten und eigentümlichen Kopfbewegungen. Er wandte sein Gesicht nicht wie die anderen Kinder dem Lichterbaum zu. Er freute sich nicht an den bunten Bildern wie seine Kameraden. Er konnte es nicht, denn der kleine Willy war nicht nur fallsüchtig und geistig behindert, sondern er war auch blind. Man hätte denken können, dass ihm die Tür zur Weihnachtsfreude ganz verschlossen sei. Aber nein, das war doch nicht der Fall. Er hatte eine Mundharmonika geschenkt bekommen. Darüber hatte er alles andere ringsum vergessen.

Unermüdlich wanderte Willy auf und ab und versuchte zu spielen. Wenn man genau hinhörte, konnte man merken, dass es das Lied sein sollte: „Ihr Kinderlein, kommet!“ Die Töne waren nicht schön, die Harmonie sehr mangelhaft, aber das störte ihn nicht. Ihm schien es die schönste Musik der Erde zu sein.

Plötzlich aber sah ich, wie Willy Halt machte und die Harmonika vom Mund nahm. Er lauschte in den hundertstimmigen Lärm hinein, der ringsumher das Zimmer füllte. Er horchte mit gespannter Aufmerksamkeit auf die Töne der anderen Instrumente seiner kleinen kranken Freunde. Nun ging ein Freudenschein über sein schmales Gesicht, und ich hörte, wie er vor sich hin sagte: „Keiner hat eine!“ Er meinte offenbar, keiner außer ihm hätte eine Mundharmonika bekommen. Das machte ihm den Genuss doppelt groß, und unverdrossen setzte er seine Wanderung fort, hin und her und auf und ab, immer wieder blasend: „Ihr Kinderlein, kommet!“

Nach einer Weile sah ich, wie er noch einmal stehen blieb und ein noch viel hellerer Schein über sein blasses Gesicht fuhr. „Dankeschön, Christkind!“, sagte er leise, und dann wanderte er blasend weiter.

Mir aber war klar geworden, welch Sonnenschein durch die Weihnachtsfreude auf den dunklen Weg des armen Jungen gefallen war. Der kleine Blinde hatte mir wieder gezeigt, was so einfach ist und doch so schwer: Da wird es hell in einem Menschenleben, wo man für das Kleinste danken lernt.

Otto Funcke

Ein Rebhuhn hält die Weihnachtspredigt

An dem Morgen eines „Heiligen-Abend-Tages“ saß ich im Jahre 1863 als junger Prediger in meiner Studierstube im Pfarrhaus zu Holpe, einem stillen, tief in Bergen versteckten Dörflein, vor meiner Bibel. Ich hatte viel weißes Papier vor mir, aber wenig war beschrieben. Denn wie viel ich schon studiert hatte, auch in den vorigen Tagen, so wollte es sich doch gar nicht fügen. Und doch sollte ich in den drei folgenden Tagen nicht weniger als fünfmal predigen. Darum war das Herz traurig und beschwert. Denn das ist ein angstvoller Jammer für einen Prediger, wenn's also geht, dass die Glocken zur Kirche rufen, ohne den Prediger zu fragen, ob es ihm auch passt.

So war ich sehr niedergeschlagen – und ich hatte auch andere Gründe dazu. Denn das Pfarrhaus, darin Sang und Klang die Fülle wohnte, war in ein Trauerhaus verwandelt, und seine Harfe war zur Klage geworden.

Die Mutter war hinweggenommen worden, und mein Kind war zum zweiten Mal ohne Mutter. Wohl flüchtete ich zu meinem Knaben und auf das reizende Lockenköpfchen flossen meine Tränen. Aber es hatte keine Ahnung davon, warum die Tränen flossen. Doch mein Herz erstarrte mehr und mehr, und es schien mir unmöglich, die frohe Botschaft vom Heiland anderen zu verkünden.

Und an dem Morgen, von dem hier die Rede ist, durchstürmte allerlei Jammer meine Seele, denn ich gedachte der vergangenen Tage, wie man es besonders an solchen Festtagen zu tun pflegt. Und so wollte sich mir das Studieren nicht fügen, aber desto besser fügte sich das Herz klagend, weinend und bettelnd in das Herz des reichen Vaters hinein, der so fern wohnt und zugleich so nahe ist allen denen, die ihn anrufen.

„Hilf, du mein Erbarmer! Hilf, lieber Vater im Himmel, auf irgendeine Weise!“, so zitterte es aus der beengten Brust. Und wieder erfuhr ich, dass dieser Vater es ernst gemeint hat mit seinem wunderlichen Versprechen: „Ehe sie rufen, will ich antworten – ehe sie reden, will ich hören!“

Ein leises, schüchternes Klopfen an die Tür der kleinen Studierstube wurde erst überhört. Dann wurde es lauter und kräftiger.

„Herein!“

Die Tür öffnete sich langsam, und zögernd trat ein Mädchen, das ich ein halbes Jahr vorher eingesegnet hatte, ins Zimmer. Sie hieß Luise und war armer Leute Kind. Ihre Tracht war bäuerlich, doch sauber, ihr Angesicht war immer fröhlich, und in ihren Augen lachte ein Schalk. Freundlich grüßte sie und setzte dann einen kleinen weißen Handkorb neben dem Stuhl ihres Pastors auf die Erde.

„Ich wollte doch“, sagte sie sanft errötend, „auch gern meinem lieben Herrn Pastor ein kleines Christkindlein bringen!“

Ich dachte nicht anders, als das Mädchen bringe einige Äpfel oder Eier, wie das auf dem Lande wohl geschieht, und wollte den Korb öffnen. Das Kind aber rief lachend und abwehrend: „Lassen Sie den Korb zu, sonst fliegt es heraus!“

„Was fliegt heraus?“, fragte ich.

„Das Feldhuhn!“

Tatsächlich: Es war ein lebendiges Rebhuhn in dem Korb; heil und ganz, ohne dass ihm ein Gliedlein gekrümmt war, ja ohne dass auch nur eine Feder fehlte; und zwar war es ein sehr fettes Exemplar dieser Rasse, wie man es selten sieht.

Die Sachverständigen und Jagdkundigen unter den Lesern werden sich nun wundern, woher das Mädchen ein lebendiges, unversehrtes Rebhuhn genommen hatte. Denn diese Tiere sind sehr menschenscheu und schwer zu fangen, zumal sie's wohl im Gefühl haben, dass keine Aussicht vorhanden ist, von den Menschen behaglich zu Tode gefüttert zu werden.

Die Leser mögen sich nun wundern, so ernstlich sie vermögen – es war wirklich ein Rebhuhn. Und sie werden sich noch mehr wundern, wenn sie hören, wie die kleine Luise zu diesem Eigentum gekommen war. Lassen wir sie selbst berichten. Die folgende Erzählung kam aber nicht so glatt heraus, wie sie hier folgt, sondern sehr stotterig und stolperig, und etliche Tränen liefen auch mit hinein. Das Kind erzählte also:

„Monatelang dachte ich immer: Könntest du doch deinem Pastor, der so traurig ist, etwas zu Weihnachten schenken. Aber Sie wissen wohl, Herr Pastor, wie arm wir sind, sodass ich nichts kaufen kann. Äpfel hatten wir dies Jahr auch nicht, und die Hühner haben noch nicht angefangen zu legen. Darum konnte ich auch meinen Eltern gar nicht sagen, was ich wünschte. So habe ich denn den lieben Gott darum gebeten und ihm gesagt: Er könnte mir ja doch wohl etwas schenken für meinen Pastor. Er sei ja so reich und mitleidig, ich wollte es ja nicht für mich haben! Aber er gab mir alle die Zeit nichts. Da wurde ich denn sehr traurig und immer trauriger, weil ich meinte, er höre mich nicht.

Endlich heute früh, als alle anderen noch schliefen, machte ich das Feuer an auf der Diele und dachte immer wieder dasselbe. Die halbe Tür war offen – unten war sie zu, und oben war sie offen, damit ich sehen könnte. Auf einmal flog dies Rebhuhn über die untere Tür herüber, setzte sich zu meinen Füßen und ließ sich ganz gemächlich von mir fangen, als hätte es mich lange gekannt. – Nun wusste ich gleich: Das hat dir der liebe Gott zum Weihnachtsgeschenk für den Pastor gegeben! Und hier ist es."

So erzählte das Mädchen. Mit niedergeschlagenen Augen stand sie da, und sie war anzusehen wie ein Engel unseres Gottes, ja mir erschien sie auch als Bote Gottes.

Hier braucht man nicht noch viel zu reden. Die gelehrten Herren, die so beweisen werden: Es war Zufall, dass das Tier in das Haus fliegen musste, und zwar gerade an dem Tage, wo das Kind es nötig hatte – und es war Zufall, dass das Mädchen zu dem Pastor kommen musste gerade in der Stunde, wo er es so nötig hatte – und es war Zufall, dass die beiden um ein absonderliches Weihnachtsgeschenk gebeten hatten und sich dies alles nun so traf – ich sage, die Herren, die so philosophieren, fahren mir zu hoch, als dass ich sie widerlegen möchte. Das aber weiß ich: So diese zufälligen Herren nebst Genossen eines Tages ans Weltregiment kommen sollten, so wird alles Volk der Menschenkinder vor Gähnen und Langeweile und Schlafmützerei zugrunde gehen.

Ich sage nur das: Wie die Sache zugegangen ist, das weiß ich nicht. Dass sie aber so geschehen ist, das weiß ich. Und wie es gekommen, dass das Rebhuhn so feinhörig, so menschenfreundlich, ja so fromm war, auf die Bitte des Bauernmädchens zu hören und allerdemütigst seinen Kopf hinzuhalten, das weiß ich nicht. Dass aber das Kind zu Gott geschrien hat, das weiß ich. Wer sich aber am meisten gefreut hat jenes Tages und am lustigsten gesungen: das Bauernmägdlein, das vorher so besorgt, oder der Pastor, der vorher so traurig war, das weiß ich auch nicht. Dass sie aber beide noch haben ihre Kämmerleintür zuschließen und mit ihrem Gott reden müssen – weil sie vor Freuden miteinander und dann noch ein jedes für sich geweint haben, das weiß ich aus guter Quelle.

Denn manches weiß der Mensch, und manches weiß er nicht; einiges begreift er, und anderes begreift er nicht. Wer aber nicht mehr ergreift als er begreift, der ist übel genug daran. Ich möchte nicht mit ihm in einem Hause wohnen und noch weniger den letzten Auszug mit ihm machen.

Doch noch ein Wort zu unserer Geschichte! Von da an, dass das Mägdlein in dem Pfarrhaus gewesen ist, war der Prediger nicht mehr traurig, sondern sehr fröhlich und guter Dinge. Was konnte er dafür, wenn ihm die Raben in den Sinn kamen – jene Raben, die vor grauen Jahrhunderten dem Propheten Elia Fleisch und Brot brachten in den Tagen der Teuerung? Das durchzuckte mich wie mit Himmelsgewalt. Und nun auf einmal war ich im Zentrum. Die Verzagtheit musste dem Geist großer Freude weichen. Mein Haus erklang von Dank und Lobgesang.

Das göttliche „Wunder" hatte mich dann auch zu einem Christfestprediger gemacht, wie er sein soll. Niemals, seit die Welt steht, wird wohl ein Rebhuhn zur Erbauung der Gemeinde gewirkt haben wie dies, das mir die kleine Luise brachte. Aber hinter dem Feldhuhn stand die betende Liebe des armen Kindes. So hat das Rebhuhn mitgepredigt in den Weihnachtstagen, obgleich es schon abgeschlachtet war.

Versteht sich auch, dass ich kein Wörtlein von der Geschichte sagen durfte. Das aber durfte und musste ich sagen: Wie selig es sei, ein Kind zu sein im Reiche Gottes! Und weil ich durch die Rebhuhngeschichte selbst mehr Kind geworden war, so konnte ich auch in großer Freude reden von jenem andern Kind, das in einer Krippe lag und doch aller Himmel Himmel füllte.

Liane Herrmann

Mein schönstes Weihnachtsgeschenk

Wenn ich heute, nach so vielen Jahren, an die Weihnachten meiner Kindheit zurückdenke, kann ich wohl sagen, sie waren alle wunderschön. Nie aber werde ich in meinem Leben jenen Heiligabend vergessen, an dem „Hinkchen" geschlachtet und gegessen werden sollte. Alle Jahre werde ich wieder daran erinnert, wenn die Weihnachtsgänse in den Schaufenstern liegen und zum Kauf angeboten werden.

Es war Frühjahr. Viele gelbe, süße Gänslein waren ausgekrochen. Wir Kinder mussten fleißig Brennnesseln holen zum Füttern, später zupften sie sich im Garten selber zarte Grasspitzen. Eines Tages geschah es, dass eins davon nicht mehr laufen konnte. Wir trugen es nach Hause, und Mutter stellte fest, dass ein Bein gebrochen war. Was sollte nun werden?

Das Gänschen wurde in einen Korb gesetzt und zugedeckt. Da es schon Federn bekam, so wollte Mutter alles tun, es am Leben zu erhalten. Eine kleine Holzschiene wurde geschnitzt, und mit ein wenig Lehm und weichen Stoffresten wurde das Bein geschient. Nach Wochen war es dann so weit, und Mutter wollte die Schiene abmachen – das war eine Aufregung! Zaghaft und steif fing unser Patient an und machte die ersten Schritte. Das Bein hatte tatsächlich wieder Halt, nur war es steif geworden.

Das Tier hatte sich durch die Krankheit an uns gewöhnt, überall hinkte es uns hinterher. So war schnell ein Name gefunden – „Hinkchen". Die anderen gleichaltrigen Gänse waren in der Zeit viel größer geworden. Am Futterstand wurde sie immer zur Seite gedrängt, sie wurde von der großen Herde nicht wieder aufgenommen. So kam die kleine Gans immer dorthin, wo Menschen waren.

Weihnachten stand vor der Tür, und eines Tages besprachen die Eltern den Termin des Gänseschlachtens. „Hinkchen", so sagte der Vater, „können wir nicht verkaufen, sie ist viel zu mager, wir werden sie selber essen." Ich war so aufgeregt, kein Stückchen würde ich an den Feiertagen vom Gänsebraten essen. Wenn sie sowieso zu mager war, warum sollte sie dann geschlachtet werden? Nein, niemals durfte das geschehen. Hinkchen hatte so traurige Augen, sie konnte den Kopf so drollig schief halten, gerade als würde sie jedes Wort verstehen.

Der Tag rückte immer näher, irgendetwas musste geschehen. Hinkchen musste fort, sie würde ganz einfach morgens nicht mehr im Kasten sitzen. Ich hatte eine kleine Kammer für mich allein. Nun besorgte ich mir heimlich vom Kaufmann einen Karton mit Holzwolle, bohrte Löcher in die Seitenwände und wollte so bis nach dem Fest unter meinem Bett für Hinkchen ein neues Zuhause einrichten.

Aber bei meiner Freude über den guten Einfall kamen immer neue Bedenken: Würde sie sich Tag und Nacht ruhig verhalten? Sie brauchte ja auch Futter, und Mutter würde sicher alles merken. Überall, wohin ich in Gedanken Hinkchen auch brachte – es würde auffallen. Nur der liebe Gott konnte hier noch helfen. An jenem Abend konnte ich lange nicht einschlafen.

Früh, als ich erwachte, hatte es geschneit, dicke, grobe Flocken – das war eine Freude! Nun sah es schon richtig weihnachtlich aus. Gegen Mittag, als ich aus der Schule kam, setzte ein eisiger Ostwind ein, und schon am Abend konnte man kaum aus dem Haus treten, so viel Schnee lag. Alle mussten am nächsten Tag mit Schnee schippen, um den Weg zur Straße frei zu bekommen. Im Garten wo die Weiden am Zaun ganz niedrig sind, war eine riesige Schneewehe entstanden. An dieser Stelle hatten wir Kinder uns jedes Jahr gern eine Schneehütte gebaut. Das Wunder! – o lieber Gott – das Wunder war geschehen. Ich schaufelte, Vater half mir sogar dabei, und schon abends schaffte ich Decken und Reisig in mein Schneehaus.

Nun war nur noch eine Sorge, wie sollte ich Hinkchen unbemerkt hierher bringen? Auch dieser kleine Wunsch ging in Erfüllung. Gegen Abend spannte Vater die Pferde an und holte mit Mutter die Christstollen. Hinkchen benahm sich, als sei alles schon lange verabredet, sie fühlte sich im neuen Zuhause wohl. Im Ranzen brachte ich ihr am nächsten Tag, bevor ich zur Schule ging, Pellkartoffeln und eine Hand voll Hafer.

In unserer Familie gab es große Aufregung, Hinkchen war verschwunden. Hoffentlich würde alles gut gehen, ich hatte nur diesen einen Weihnachtswunsch. Warum sollte es wohl nicht, denn mein Gebet hatte sich ja auch erfüllt.

Der Heiligabend kam, Vater ging mit mir zur Christmette. Es war eine sternenklare Nacht, der Schnee knirschte unter unseren Füßen. Als wir zurückkehrten, hatte Mutter den Weihnachtstisch schön vorbereitet: Viele Geschenke lagen für mich unter dem Weihnachtsbaum. Doch das Schönste von allen Dingen war ein grauer Karton mit Löchern an der Seite, den Vater ganz vorsichtig zu mir stellte mit den Worten: „Hinkchen soll heute zur Heiligen Nacht nicht so allein sein im Schneehaus.

Therese Keiter

Die Botin

Nicht in Schnee und Eis, beinahe frühlingsartig kam in diesem Jahr der Heilige Abend, und wie im Lenz drängte sich aus den engen Wohnungen das Leben auf die Straße.

Auf der Treppe des dreistöckigen Hauses, das schmal wie ein Handtuch zwischen den breitspurigen Gefährten hing, über dessen gewölbter, eisenbeschlagener, von Rauch und Zeit geschwärzter Türe noch die Jahreszahl 1643 in den Balken gegraben war, saß ein Häuflein flachsköpfiger kleiner Bürger dicht aneinander gedrängt.

Da war die Trine des Schusters, eine handfeste, entschiedene kleine Person, welcher der blonde Zopf stets eigensinnig vom Kopf wegstarrte, der die Locken und Löckchen trotz aller mütterlichen Pomade wild um die Stirne flatterten. Sie hielt ihr zweijähriges Schwesterchen, das Josephchen, auf dem Schoße. Das rosige, posaunenengelhafte Josephchen mit den schiefen Beinchen war eigentlich ein Schreihals erster Klasse. Heute aber war's zufrieden, von der Stimmung des Abends ergriffen. Es liebäugelte mit dem grellrot bekleideten Füßchen und balancierte das buntgestickte „Petschchen" auf der großen Zehe hin und her.

Neben Trine saß Handschuhmachers Julchen, beinahe zitternd in der Aufregung der Erwartung. Ihr schlossen sich Bäckers Karlchen und Fritzchen an. Fritzchen trug ein großes, gelbes Taschentuch über dem Kopfe, mit zwei Zipfeln geknotet, weil er Zahnweh hatte. Nun aber überwog die Freude des Harrens und Bangens, die gewaltige Spannung des Gemütes den körperlichen Schmerz. Der Kleine kauerte da mit leuchtenden Augen und halb offenem Munde, regungslos. Alle, wie sie da zusammensaßen, warteten auf die Schelle, welche sie zur Christbescherung rufen sollte.

„Ich möchte wissen, was ich krieg'", seufzte Julchen. „Ein goldenes ‚Nichtschen' und ein silbernes ‚Wart-ein-Weilchen'", entgegnete das bereits schulpflichtige Karlchen.

„Mach' jetzt keine Flausen … 's Christkind hört's."

„Ich hab das Christkind gesehen!", rief Trine eifrig. „Just vor ein paar Minuten, als ich in der Bodenluke stand, flog's in einer schneeweißen Wolke über die Stadt hin. Hu … so schnell! Gewiss wollte es noch einmal sehen, ob auch kein Kind lügt oder schnuckt, oder sein Brüderchen kratzt."

„Und ich", meinte Fritzchen, der noch nicht volle vier Jahre alt war und sich das „däddeln" nicht abgewöhnen konnte, „ich hab dem Christkind zugehört. Es will dem Karlchen eine große Peitsche bringen und ein ‚Huschepferd', wenn's nicht mehr am Daumen lutscht, hat's zur Mama gesagt. Gestern Abend war's, als ich schon im Bettchen lag."

„Du hast ja den Daumen im Munde, Fritzchen!", mahnte Trine. Der kleine Sünder zog ein schiefes Mäulchen und besah reuevoll den roten, fetten Finger, der sich immer wieder zwischen die weißen Zähnchen verirrte.

Karlchen hatte auch seine Hoffnung, was das Christkind bringen sollte. Er träumte von einem Bücherranzen mit grünem Lederdeckel und von einem Federkasten, auf dem sämtliche Gestirne des deutschen patriotischen Himmels auf goldenem Grunde gemalt sein sollten.

Das zwitscherte durcheinander, als sei ein Nest voll junger Zaunkönige ausgeflogen. Die Erregung stieg von Sekunde zu Sekunde, und da sie auf ihrem Höhepunkt angelangt war, machte sie Karlchen so tollkühn, dass er sich an das väterliche Ladenbrett im Erdgeschoss schlich, wo die frischen Christtagsstollen und bunten Weihnachtsmänner auf einem weißen Tuche lagen, und auf den Stein kletterte, von welchem aus die Kunden ihre Waren verlangten. Auf die

Zehen sich hebend, wollte er Einblick gewinnen in die elterliche Wohnung, wo das Christkind seine „Heimlichküche“ hatte.

Fritzchen aber hing sich heulend an seine Rockschöße und schrie: „Dann nimmt das Christkind alles und trägt's direkt in den Himmel hinein … Nicht gucken! Nicht gucken!“

Das weinerliche, blasse Julchen des Handschuhmachers, welches sonst vor lauter Zimperlichkeit nicht bis drei zählen konnte und stets vor den Gänsen und dem Liliputhunde des Raseurs auf der Flucht war, zog den Übeltäter an seinem defekten Höschen von dem Stein herunter und hielt ihm entschlossen die beiden mageren Fäuste entgegen. „Du darfst das Christkind nicht böse machen, sonst fliegt's fort, auf und davon.“

„Wohin denn?“, fragte Karlchen überlegen.

„Aus der Welt … nach Amerika … oder zurück in den Himmel.“

„Bringt das Christkind auch einen Baum?“, fragte Fritzchen.

Julchen nickte geheimnisvoll: „O, solch einen kleinen, wunderhübschen Baum! Es hat ihn droben in die Gangecke hingestellt. Der Baum ist noch nicht einmal so groß wie ich … so niedlich! Und eben jetzt putzt das Christkind ihn aus. Nach Weihnachten legt es die Zuckersachen wieder in das rote Kästchen oben auf dem Schrank. Jetzt steht die Schachtel auf dem Tisch, und die Engel machen die zerbrochenen Dinge wieder ganz. Mutter und Vater dürfen zusehen.“

So sprach Handschuhmachers Julchen mit verklärtem Gesicht und einem heiligen Schauer im Herzen.

Plötzlich hatte Karlchen einen Einfall. Er warf seine gestrickte Pudelmütze in die Luft und schrie: „Das Christkind soll leben! Vivat hoch!“

„Vivat hoch!“, rief die ganze Gesellschaft wie aus einem Munde.

In den Jubel hinein tönte die Schelle aus der Wohnung des Bäckers. Wie schnell Fritzchen und Karl jetzt kehrtmachten! Sie rannten das arme Julchen beinahe über den Haufen, sprangen, troddelten, stolperten die Treppe hinauf. Aber an der Türe des Wohnzimmers fassten sie einander an der Hand, legten die kleinen Gesichter in feierliche Falten und betraten gravitätisch die Schwelle, über welche das Christkind geflogen.

Die Übrigen drängten in die Haustür und sahen ihnen nach. Das Licht des Bäumchens fiel während eines Augenblicks auf die schwarzen Dielen des Hausflurs; dann schloss sich der Spalt.

Wir aber schauen durch das Fenster und sehen sie alle mit gefalteten Händen vor der papierenen Krippe stehen: den Bäcker und die Bäckerin, den Lehrling, die schluchzende Magd und die Kinder. Und wenn auch jeder von ihnen die Melodie des Liedes anders auffasste, es klingt doch schön:

Ach, seht in der Krippe
Auf Heu und auf Stroh;
Maria und Josef betrachten es froh:
In reinlichen Windeln das himmlische Kind,
Viel reiner und holder, als Engel es sind.

„Nun muss es bei uns auch bald bimmeln!“, meinte Schusters Trine, indem sie dem Josephchen auf die wackeligen Beinchen half und es tröstend bei der Hand nahm. Sie stellte sich in der Haustüre bereit; denn ihre Eltern wohnten im ersten Stock, und die Kinder durften sich, strenger Verhaltensmaßregel zufolge, nur auf gegebenes Zeichen droben blicken lassen.

Handschuhmachers Julchen aber stand unbeweglich mitten in der Straße und beobachtete mit atemloser Spannung die Fenster „ganz am höchsten“, hinter denen ein wunderbares Funkeln und Flimmern zu entstehen begann. Die kleine, ernsthafte Person hoffte im Stillen, sie werde Zeugin sein, wie das Christkind oben aus dem Fenster herausflöge mit all seinen beschwingten Begleitern. Trine und Josephchen waren schon gerufen – da fiel ihr ein, auch die Nachbarhäuser zu betrachten, und sie gewahrte, dass in dem gegenüberliegenden kein Licht brannte.

Es war ja auch natürlich; denn dort wohnte die Botenfrau, welche erst noch mit dem Zug aus der nächsten großen Stadt zurückkam, und der Straßenkehrer Herbold, der niemals abends zu Hause war. Ob wohl zu dem Frieder des Straßenkehrers auch das Christkind kam? Gewiss doch – der Frieder war ein ordentlicher Junge, treuherzig, wenn auch schmutzig und zerlumpt.

Julchen faltete im Stillen die Hände: „Liebes Christkind … vergiss doch den Frieder nicht!"

In diesem Augenblick rief die Stimme des Handschuhmachers von oben: „Julchen, Julchen, der Christbaum brennt!" Mit einem jubelnden Aufschrei stürzte das kleine Mädchen vorwärts.

Alles, was die Kinder einander vor der Tür erzählt, hatte des Straßenkehrers Frieder, der am offenen Fenster der dunkeln Stube saß, gehört. Der Frieder war ein schmächtiger, blasser Junge von acht Jahren, der keine Mutter mehr hatte – nur einen groben, polternden Vater, welcher abends erst spät aus dem Wirtshaus zu kommen pflegte.

Keine Weihnachtsfreude für den Frieder! Er war ein vergessener kleiner Kerl, dem niemand ein Huschepferd noch eine Peitsche kaufte oder irgendetwas anderes. Und doch hätte der Frieder für sein Leben gern eine kleine Trompete von Blech gehabt, so ein wunderbares Instrument, das eine Stimme hat, die man wecken kann, wenn man abends so ganz allein in der dunkeln Kammer ist und vor Gespenstern und Ratten sich fürchtet; mit dem man auch allen Jungen auf der Straße vorangehen kann, wie ein riesiger Trompeter in der Armee.

„Ach, liebes, liebes Christkindchen, nur eine kleine, kleine Trompete … du hast doch den Frieder nicht vergessen, liebes Christkind? Die Mutter hat mir ja erzählt, dass du alle Kinder lieb hast, die an dich glauben und zu dir beten."

So sprach der Frieder und presste mit Inbrunst die Finger ineinander. Kein Auge wandte er von den leuchtenden Fenstern im Nachbarhause drüben und bekümmerte sich, warum das Christkind „die paar Schritte" zu ihm herüber nicht mache, da es doch einmal auf dem Wege sei.

Wie er so recht eifrig gebetet und kindliche Gelübde getan hatte, kam plötzlich eine Art zitternder, freudiger Furcht über das einsame Kind. Mit weit aufgesperrten Augen sah es nach der Türe hin; denn es dachte, die müsse jetzt aufspringen, und dann käme das weiße, leuchtende Jesulein herein mit einem Lichterbaum und einer Trompete.

Stattdessen aber keuchte und ächzte etwas auf dem Gang; ein Korb wurde stöhnend niedergesetzt, ein Zündholz strich gegen die Wand und ein Kopf zeigte sich in der Türspalte.

„He da, Frieder!", sagte die heisere Stimme der Botenfrau, die heimgekommen war. „Hilf mir mal die Kiepe von der Schulter laden! Eil dich, Bub!"

Der Frieder tat's, und da stand sie im Lichte der flimmerigen, blinden Stall-Laterne, die alte, schrumpelige Botenfrau, welcher der Kopf vom Tragen schwerer Kisten tief auf die Brust gewachsen war. Sie sah ihn mit ihren grauen, blinzelnden Augen an.

„Was treibst du denn, Friederle, allein in der kalten Stub'? Ist der Vater noch nicht heimgekommen?"

„Ich hab' gebetet", sagte der Frieder, der nur von einem Gedanken erfüllt war. „Das Christkind ist 'nübergeflogen zu den Bäckersleuten und zum Schuster, hat auch Handschuhmachers Julchen nit vergessen. Keinen vergisst's, … gelt Anna-Marte? Ich muss schnell wieder in die Stube, damit ich's nit verpass', wenn's vielleicht ans Fenster klopft."

„Da geh', du Hans Narr!", brummte die Botenfrau, belud sich mit ihrem Korb und stolperte die knarrende Hühnerstiege empor, welche zu ihrem Kämmerchen führte. Da droben war alles kalt, unwirtlich, unfestlich und öde, wie es bei einsamen Leuten aussieht, welche den ganzen Tag, die ganze Woche über kaum in ihre Behausung kommen. Aber sie war es ja anders nicht gewöhnt, die alte Anna-Marte. Sie stellte die Laterne auf den Tisch und fing an, all' die Packen und Päckchen, welche sie für die Kleinstädter aus der Residenz mitgebracht hatte, ihrem Korb zu entnehmen. Dann machte sie sich auf den Weg, jedes einzelne zu seiner Bestimmung zu tragen.

Als sie am Fenster des Straßenkehrers vorüberkam, leuchtete, gegen die Scheiben gepresst, das blasse, sehnsüchtige Gesicht des Kindes, welches auf das Christkind wartete.

„Armer Kerl!", dachte die alte Frau. „Kann lange warten! Dem steckt keiner ein Lichtlein an. Ist jeder froh, wenn er vom Öl der Not ein Tröpflein abgespart hat für die eigenen Kinder."

Da fasste ihr etwas ans Herz: „Hast ja heut' ein gutes Verdienst gehabt, Anna-Marte. Nun? … Könntest dem armen Schlucker schon einmal eine Freud' machen! 'S ist ja der Geburtstag des Heilands, der dich arme Seel' erlöst hat mit seinem Blute. Nur einmal im Jahre ist's Christtag, Anna-Marte!"

„Hätt' gerad' noch gefehlt!", knurrte sie, mit ihrem kurzen Atem die Treppen hinaufsteigend. „Mein sauer Erworbenes an Firlefanzereien zu hängen! So armen Kreaturen ist's gut, wenn sie von Kindesbeinen an lernen, dass einem das Leben kein seidenes Kisschen in den Rücken steckt. Anna-Marte, dass du mir keine Kapriolen machst!"

Die Botin hing an ihrem Groschen, wie alle Leute, die ihn Heller für Heller verdient haben.

„Hast du noch nicht Zahlen genug in den Schornstein geschrieben, alte Gans?“, redete sie für sich weiter, zum großen Ergötzen der Passanten. „Kuriert dich die eine Narrenklingel nicht, die dir vor'm Kopfe hängt und dir alle Tag' vor den Ohren schellt? Hast einmal viel Geld an jemand gehangen; könntest wissen, was dabei herauskommt!“

Die Anna-Marte hatte eine Geschichte. Sie war eine arme alte Jungfer, die den Waisenjungen einer Schwester groß gezogen. Sie hatte das Kind geliebt wie ein leibliches, hatte alles dafür getan, was ihr möglich war; sich den Bissen am Munde abgespart, um ihn dem Jungen zuzustecken. Sie hatte sich abgerannt und abgeplagt, dass er etwas Tüchtiges lernen könne, und sich keine gute Stunde gegönnt. Ein ordentlicher Schreiner war er geworden, und zwar einer, der etwas von der Kunst des Handwerks verstand. Über dem Bett der Anna-Marte hing seine erste Zeichnung – ein großer, steifer Schrank, ein Wunderding in ihren Augen.

Als der Junge flügge geworden und sein Glück in dem gelobten Land – das heißt in Amerika – versuchen wollte, ließ sie ihn mit heimlichen Tränen und Schmerzen ziehen. Sie machte zum ersten Mal in ihrem Leben Schulden, um ihm die Überfahrt zu bezahlen. Niemals war der alten Botin das Wetter so rau, der Sturm so hart erschienen, als da sie den Jungen auf der See wusste. Wie atmete sie auf, als die Nachricht von der glücklichen Ankunft des Schiffes kam – aber von dem Jungen brachte die Post kein Wort. Hatte er sie vergessen, war er leichtsinnig und schlecht geworden in dem Sodom und Gomorra da drüben? Hatte Gott zugelassen, dass er starb?

Tage, Monate, ein Jahr, zwei Jahre vergingen. Der Jude fragte nach seinem Geld, und die Anna-Marte musste in ihren alten Tagen mehr als je rennen und laufen, die Summe abzutragen, damit sie, wie sie sagte, ihr Totenhemd in Ehren tragen könne.

„Man sieht, was dabei herauskommt!", zürnte die Botenfrau. „Für alle Lieb', alles Wohlmeinen schwarzer Undank! ... Will wenigstens noch schlau werden, eh's ausgeläutet hat. Dass du mir keinen Heller ausgibst für den Frieder, alte Anna-Marte!"

Aber nun führte der Heimweg sie über den Christmarkt, und obwohl sie mit strammen Schritten mitten durch das Gedränge ging und weder rechts noch links aufschauen wollte, so hob's ihr doch vor einer der letzten Buden die Augen in die Höhe. Die Leute hatten beinahe ausverkauft; aber in einer Ecke lehnte noch ein übrig gebliebenes struppiges Bäumchen, ein einziges Bündelchen Lichter lag daneben, und an dem gespannten Bindfaden schaukelte noch eine letzte, blanke gelbe Kindertrompete.

Die Anna-Marte konnte nicht vorbei – es war, als ob irgendetwas ihr zuriefe: „In deiner letzten Not wirst du es noch bereuen, Anna-Marte, lässt du den Frieder vergeblich auf ein Christkind warten!" Und da lagen auch schon die blanken, neu verdienten Groschen vor dem Verkäufer; die Botenfrau hatte eigentlich gegen ihre Überzeugung ein gutes Werk getan. Seufzend und über die eigene Schwäche schimpfend, belud sie sich mit den erstandenen Schätzen.

Wie sie aber durch die Straßen des Städtchens nach Hause ging und hier und da den Festtagsjubel hörte und das Jauchzen glücklicher Kinder, auch wohl das Singen eines Weihnachtsliedes – da ward's ihr seltsam weich zumute. Es tut doch gut, wenn man im Begriffe ist, jemandem eine Freude zu machen.

Wie leicht der Alten die Füße wurden! Es war fast, als hätten die Engel ihr Schwingen an die Sohlen gebunden, als stände der liebe Gott hinter ihr und spräche: „Will dir ja auch barmherzig sein, du alte, raue Seele; bist ja oft gestolpert und in der Irre gewesen, hast gar mir selbst zuweilen einen barschen Vorwurf gemacht. Aber ich will dir's halt nicht zum Schlimmsten rechnen. Geh nur hin, Anna-Marte, und sag dem Frieder: Das Christkind vergisst keinen! Keinen – hörst du!"

Die heftige, geräuschvolle Anna-Marte, zu deren Tun stets eine Partie Poltern gehörte, wurde plötzlich bedächtig. Sie schlich durch die Hoftür in das alte Haus hinein, ganz leise – leise. Beim Schimmer der kleinen Laterne befestigte sie mit ihren harten, groben Händen Kerze für Kerze auf den schwankenden Zweigen des Bäumchens; sie hing die Trompete an den untersten Ast und steckte die Lichter an. Dann schlich sie schmunzelnd vor Frieders Tür.

Der arme Junge stand noch immer mit gefalteten Händen am Fenster; aber sein Köpfchen war tief herabgesunken. Seine Augen leuchteten nicht mehr. Er glaubte, das Unerhörte sei doch geschehen, das Christkind habe ihn vergessen!

Da kam das Lichtergefunkel zur Tür herein, da stand das Bäumchen vor ihm und die Botin sagte: „Da, schau Frieder! 's Christkind ist mir unterwegs begegnet, 's hat an dich gedacht. Aber recht brav und fromm sollst du werden und für deine Mutter beten, die gestorben ist, und die wohl auch heut' den lieben Herrgott gebeten hat, dass er dir Lichter beschert."

Der Frieder fiel auf die Knie, hob seine Händchen auf und sagte: „Du liebes, gutes Christkind, ich danke dir auch viele Mal!" Dann griff er nach der Trompete und begann zu tuten. Es klang so schön, dass die Anna-Marte die Augen mit der Schürze sich trocknete. Freilich bekam sie kein Dankeswort vom Frieder; sie wartete auch gar nicht darauf, denn sie hatte ja alles in Christkindleins Namen gegeben.

Sie ging in ihr Kämmerchen, kochte einen tüchtigen Kaffee und holte sich dann das bleiche Kind herauf, das ganz glückselig, reich und freudestrahlend neben ihr saß und nur von Zeit zu Zeit in die Trompete blies.

„Wie sieht denn das Christkind aus, Anna-Marte?“, fragte er zwischendurch.

Die Botin beschrieb’s ihm, so gut sie konnte. „Gerade, wie’s in der Kirche auf dem Altar steht. Es trägt ein weißes Kleidchen, ein goldenes Krönchen und hat schon sein Kreuzlein im Arm.“

Es war der Anna-Marte, als sei sie selbst wieder ein Kind, dem der Lichterbaum in die Seele glänzt.

Später, als der Sandmann zum Frieder kam, nahm sie den Kleinen an der Hand, und sanft, wie eine Mutter es tut, zog sie ihm sein Röckchen aus und brachte ihn zu Bette. Sie faltete ihm noch die Hände und hing ihm die Trompete um den Hals, weil er nicht davon lassen wollte. Dann harrte sie aus neben ihm, bis er eingeschlafen war.

In ihrem einsamen Stübchen blieb sie noch lange wach. Die groben Hände um die Knie gefaltet, den grauen Kopf an die getünchte Wand gelehnt, dachte sie an die Vergangenheit zurück. Sechzig heilige Abende lagen hinter ihr – manche dunkel und öde, wie es die Dürre der Einsamkeit mit sich bringt, andere lichterbeglänzt wie der heutige. Die Erinnerung an die Weihnachtsabende, welche sie dem Knaben bereitet, der nun zum Manne gereift, stieg in ihr auf. Da war auch Jubel gewesen und Händeklatschen und Freude. Da war Dank gewesen in ihrer Seele, der Dank eines halb verschlossenen Herzens, dem Gott Frühlingstage gibt im Spätherbst … Und nun?

„Wenn er lebt, der Junge“, dachte sie, „ob er sich heute daran erinnert? Er hat’s freilich nicht wissen können, wie er mir alles war … Ach Gott, er wird ja wohl gestorben sein … liegt irgendwo begraben in der fremden Erde.“ Die Tränen stürzten ihr plötzlich aus den Augen. Hastig stand sie auf und löschte das Licht. Es war ja nur ein halbes Flämmchen, aber der Mensch findet sich besser wieder im Dunkeln.

Die alte Botenfrau weinte sich in den Schlaf. Sie schlief

lange in den ersten Feiertag hinein; denn vom gestrigen Tagewerk her lag es ihr noch wie Blei in den Gliedern.

Als Anna-Marte erwachte, läuteten schon die Turmglocken zum ersten Gottesdienst. Drunten vor der Haustür blies der Frieder in seine Trompete, Bäckers Fritzchen rief seinem Steckenpferd ein vernehmliches „Hü, hott!" zu, und drüben am Fenster, der Anna-Marte gerade gegenüber, ließ Handschuhmachers Julchen die neue Puppe die ersten Gehversuche auf dem Blumenbrett machen.

„Fröhliche Weihnachten!", tönte es hier und dort von Leuten, die einander begrüßten.

Die Botenfrau stand auf, sich für den Kirchgang anzukleiden. Eben holte sie den weiten, flanellgefütterten Kattunmantel mit den großen Blumen aus dem Spind und setzte vor dem zersprungenen Spiegel die altmodische Spitzenhaube auf ihren grauen Scheitel – da tönte ein polternder Schritt auf der Treppe. Knurrend und scheltend tappte jemand den dunklen Gang entlang.

„He da, hollah! Aufgemacht, Jungfer Anna-Marte!"

Schmunzelnd stand der Briefträger auf der Schwelle und hielt ein Paketchen in die Höhe, ein weit gereistes Paketchen, mit versiegelten Schnüren umwunden und mit ausländischen Stempeln bedeckt.

„Fröhliche Weihnachten, Jungfer! Da ist etwas, euch den Kirchweg schön zu machen!"

Sie setzte sich auf die bunt bemalte Truhe neben ihrem Bett. Einige Minuten lang lag das Paketchen in ihrem Schoß, ehe sie sich getraute, es zu öffnen. Du lieber Heiland! Die Adresse war ja von der Handschrift, welche sie so lange gekannt und so oft auf der Schiefertafel gesehen, die nun vergessen in der Bodenkammer lag. Das war die steife, große Knabenschrift, auf welche sie stets so stolz gewesen!

Sie löste einen Knoten nach dem andern, damit nur kein Stückchen Faden verloren gehe, faltete die Papiere bedächtig auseinander – ja, und da kam's, das Weihnachtsgeschenk, welches das Christkind für die alte Anna-Marte bestimmt: das Bild eines großen, hübschen Menschen, der treuherzig in das Gesicht seiner Pflegemutter hineinlachte – und ein echter, wahrhaftiger Hundertmarkschein!

Und da war ein Brief dabei: Darin stand, dass er erst etwas Ordentliches habe werden wollen, ehe er ein Lebenszeichen gegeben. Nun aber wäre er in einer guten Stelle und werde jetzt regelmäßig schreiben und der Pflegemutter Geld schicken, damit sie sich nicht mehr zu plagen brauche – denn er danke ihr doch alles, und es sei nicht mehr als recht. Wer Kinder in Sorgen und Not groß gezogen, der könne später auch beanspruchen, dass sie ihm ein sorgenfreies Alter bereiteten ... Und wenn der Weihnachtsabend käme, dann, das möge sie wissen, wäre er für sein Leben gern bei ihr, wie früher.

Die Anna-Marte faltete den Brief zusammen, besah noch einmal den Hundertmarkschein, wie jemand, der's noch nicht recht glauben kann, und blieb noch einen Augenblick sitzen, den Kopf in die Hände gestützt.

„Ach, mein Gott, mein Gott, gar zu gut hast du's mit mir altem, unnützen Weib gemacht! Vergib meine Ungeduld! Du weißt ja, dass ich von jeher ein heftig Wesen gehabt hab'. Deine Güte an mir aber soll dem Frieder auch seinen Segen bringen. Herr Gott, lass mich noch ein Weilchen leben, damit ich dir zeigen kann, wie dankbar ich dir sein will für all deine große Lieb' und Gnad'."

Sie schloss Brief und Geld sorgfältig fort, nahm das Gebetbuch, ging die Treppe hinab und winkte dem Frieder zu: „Leg deine Trompete in die Ecke, Junge; wir gehen jetzt in die Kirche, dem Christkind zu danken, dass es an uns beide gedacht hat ... Geh, sput' dich, Frieder!"

Ursula Koch

Einen Engel wünsch ich dir

Einen Engel wünsch ich dir,
der dir unterwegs begegnet.
Einer komm und bleib bei dir,
der dir hilft und der dich segnet.

Einen Engel wünsch ich denen,
die in Traurigkeit und Sorgen
sich nach Licht und Liebe sehnen,
einen Engel heut und morgen.

Einen Engel wünsch ich uns,
dass wir von ihm sehen lernen
und die hohe schwere Kunst:
Leises hören in den Lärmen.

Einen Engel sende Gott
zu uns her in diesen Tagen,
dass wir seine Botschaft hören
und danach zu leben wagen.

Die Schätze der Weisen

Matthäus 2, 1–12

Da kamen Weisen aus dem Morgenland nach Jerusalem und sprachen: „Wo ist der neugeborene König der Juden? Wir haben seinen Stern gesehen im Morgenland und sind gekommen, ihn anzubeten."
Als das der König Herodes hörte, erschrak er und mit ihm ganz Jerusalem, und er ließ zusammenkommen alle Hohenpriester und Schriftgelehrten des Volkes und erforschte von ihnen, wo der Christus geboren werden sollte. Und sie sagten ihm: „In Bethlehem in Judäa; denn so steht geschrieben durch den Propheten Micha: Und du Bethlehem im jüdischen Lande bist keineswegs die kleinste unter den Städten in Juda; denn aus dir wird kommen der Fürst, der mein Volk Israel weiden soll."
Da rief Herodes die Weisen heimlich zu sich und schickte sie nach Bethlehem und sprach: „Zieht hin und forscht fleißig nach dem Kindlein; und wenn ihr's findet, so sagt mir's wieder, dass auch ich komme und es anbete."
Und siehe, der Stern, den sie im Morgenland gesehen hatten, ging vor ihnen her, bis er über dem Ort stand, wo das Kindlein war. Als sie den Stern sahen, wurden sie hocherfreut und gingen in das Haus und fanden das Kindlein mit Maria, seiner Mutter, und fielen nieder und beteten es an und taten ihre Schätze auf und schenkten ihm Gold, Weihrauch und Myrrhe.
Und Gott befahl ihnen im Traum, nicht wieder zu Herodes zurückzukehren; und sie zogen auf einem andern Weg wieder in ihr Land.

O' Henry

Das Geschenk der Weisen

Ein Dollar und siebenundachtzig Cent. Das war alles. Und sechzig Cent davon in Pennies. Stück für Stück ersparte Pennies, wenn man hin und wieder den Kaufmann, Gemüsemann oder Fleischer beschwatzt hatte, bis einem die Wangen brannten im stillen Vorwurf der Knauserei, die solch ein Herumfeilschen mit sich brachte. Dreimal zählte Della nach. Ein Dollar und siebenundachtzig Cent. Und morgen war Weihnachten.

Da blieb einem nichts übrig, als sich auf die schäbige kleine Chaise zu werfen und zu heulen. Das tat Della. Was zu der moralischen Betrachtung reizt, das Leben bestehe aus Schluchzen, Schniefen und Lächeln, vor allem aus Schniefen.

Während die Dame des Hauses allmählich von dem ersten Zustand in den zweiten übergeht, werfen wir einen Blick auf das Heim. Eine möblierte Wohnung für acht Dollar die Woche. Sie war nicht gerade bettelhaft zu nennen; höchstens für jene Polizisten, die speziell auf Bettler gehetzt wurden.

Unten im Hausflur war ein Briefkasten, in den nie ein Brief fiel, und ein Klingelknopf, dem keines Sterblichen Finger je ein Klingelzeichen entlocken konnte. Dazu gehörte auch eine Karte, die den Namen „Mr. James Dillingham jr." trug. Das „Dillingham" war in einer früheren Zeit der Wohlhabenheit, als der Eigentümer dreißig Dollar die Woche verdiente, hingepfeffert worden. Jetzt, da das Einkommen auf zwanzig Dollar zusammengeschrumpft war, wirkten die Buchstaben des „Dillingham" verschwommen, als trügen sie sich allen Ernstes mit dem Gedanken, sich zu einem bescheidenen und anspruchslosen D zusammenzuziehen. Aber wenn Mr. James Dillingham jr. nach Haus und oben in seine

Wohnung kam, wurde er „Jim“ gerufen und von Mrs. James Dillingham jr., die bereits als Della vorgestellt wurde, herzlich umarmt. Was alles sehr schön ist.

Della hörte auf zu weinen und fuhr mit der Puderquaste über ihre Wangen. Sie stand am Fenster und blickte trübselig hinaus auf eine graue Katze, die auf einem grauen Zaun in einem grauen Hinterhof spazierte. Morgen war Weihnachten, und sie hatte nur einen Dollar siebenundachtzig, um für Jim ein Geschenk zu kaufen. Monatelang hatte sie jeden Penny gespart, wo sie nur konnte, und dies war das Resultat. Zwanzig Dollar die Woche reichen nicht weit. Die Ausgaben waren größer gewesen, als sie gerechnet hatte. Das ist immer so. Nur einen Dollar siebenundachtzig, um für Jim ein Geschenk zu kaufen. Für ihren Jim.

So manche glückliche Stunde hatte sie damit verbracht, sich etwas Hübsches für ihn auszudenken. Etwas Schönes, Seltenes, Gediegenes – etwas, was annähernd der Ehre würdig war, Jim zu gehören. Zwischen den Fenstern stand ein Trumeau. Vielleicht haben Sie schon einmal einen Trumeau in einer möblierten Wohnung zu acht Dollar gesehen. Ein sehr dünner und beweglicher Mensch kann, indem er sein Spiegelbild in einer raschen Folge von Längsstreifen betrachtet, eine ziemlich genaue Vorstellung von seinem Aussehen erhalten. Della war eine schlanke Person und beherrschte diese Kunst.

Plötzlich wirbelte sie von dem Fenster fort und stand vor dem Spiegel. Ihre Augen glänzten und funkelten, aber ihr Gesicht hatte in zwanzig Sekunden die Farbe verloren. Flink löste sie ihr Haar und ließ es in voller Länge herabfallen.

Zwei Dinge besaßen die James Dillinghams jr., auf die sie beide unheimlich stolz waren. Das eine war Jims goldene Uhr, die seinem Vater und davor seinem Großvater gehört hatte. Das andere war Dellas Haar. Hätte die Königin von Saba in der Wohnung jenseits des Luftschachts gelebt, dann hätte Della eines Tages ihr Haar zum Trocknen aus dem Fenster gehängt, um Ihrer Majestät Juwelen und Vorzüge im Wert herabzusetzen Wäre König Salomo der Portier gewesen und hätte all seine Schätze im Erdgeschoss aufgehäuft, Jim hätte jedes Mal seine Uhr gezückt, wenn er vorbeigegangen wäre, bloß um zu sehen, wie sich der andere vor Neid den Bart raufte.

Jetzt floss also Dellas Haar wellig und glänzend an ihr herab wie ein brauner Wasserfall. Es reichte bis unter die Kniekehlen und umhüllte sie wie ein Gewand. Nervös und hastig steckte sie es wieder auf. Einen Augenblick taumelte sie und stand ganz still, während ein paar Tränen auf den abgetretenen Teppich fielen.

Die alte braune Jacke angezogen, den alten braunen Hut aufgesetzt, und mit wehenden Röcken und immer noch das helle Funkeln in den Augen, schoss sie zur Tür hinaus und lief die Treppe hinab auf die Straße.

Wo sie stehen blieb, lautete das Firmenschild:

„Mme. Sofronie. Alle Sorten Haarersatz". Della rannte die Treppe hinauf und versuchte atemschöpfend, sich zu sammeln. Madame, groß, zu weiß und frostig, sah kaum nach „Sofronie" aus.

„Wollen Sie mein Haar kaufen?", fragte Della. „Ich kaufe Haar", sagte Madame. „Nehmen Sie den Hut ab, damit wir es einmal ansehen können."

Der braune Wasserfall stürzte in Wellen herab. „Zwanzig Dollar", sagte Madame, mit kundiger Hand die Masse anhebend.

„Geben Sie nur schnell her", sagte Della.

Oh, und die nächsten beiden Stunden trippelten auf rosigen Schwingen. Nehmen Sie es nicht so genau mit der zerhackten Metapher. Sie durchwühlte die Läden nach dem Geschenk für Jim.

Schließlich fand sie es. Bestimmt war es für Jim und für

niemand sonst gemacht. Keins gab es in den Läden, das diesem glich, und sie hatte in allen das Oberste zuunterst gekehrt. Es war eine Uhrkette aus Platin, einfach und edel, die ihren Wert auf angemessene Weise durch das Material und nicht durch eine auf den Schein berechnete Verzierung offenbarte – wie es bei allen guten Dingen sein sollte.

Kaum hatte sie die Kette erblickt, als sie auch schon wusste, dass sie Jim gehören müsse. Sie war wie er. Überlegene Ruhe und Wert – das passte auf beide. Einundzwanzig Dollar nahm man ihr dafür ab, und mit den siebenundachtzig Cent eilte sie nach Hause. Mit dieser Kette an der Uhr konnte Jim wirklich in jeder Gesellschaft um die Zeit besorgt sein. So großartig die Uhr war, manchmal blickte er wegen des alten Lederriemchens, das er an Stelle einer Kette benutzte, nur verstohlen nach ihr.

Als Della zu Hause angelangt war, wich ihr Rausch ein wenig der Vorsicht und der Vernunft. Sie holte ihre Brennschere heraus, zündete das Gas an und machte sich ans Werk, die Verheerungen auszubessern, die von Freigebigkeit in Verein mit Liebe angerichtet worden waren. Was stets eine gewaltige Aufgabe ist, liebe Freunde – eine Mammutaufgabe.

Nach vierzig Minuten war ihr Kopf dicht mit kleinen Löckchen bedeckt, mit denen sie wundervoll aussah, wie ein schwänzender Schuljunge. Lange, sorgfältig und kritisch betrachtete sie ihr Spiegelbild.

„Wenn mich Jim nicht umbringt, bevor er mich ein zweites Mal ansieht, wird er sagen, ich sehe aus wie ein Chormädel von Coney Island“, meinte sie bei sich. „Aber was – oh, was hätte ich denn mit einem Dollar siebenundachtzig anfangen sollen?“

Um sieben war der Kaffee gekocht, und die Bratpfanne stand hinten auf der Kochmaschine, heiß und bereit, die Kotelette zu braten.

Jim verspätete sich nie. Della ließ die Uhrkette in ihrer

Hand verschwinden und setzte sich auf die Tischkante nahe der Tür, durch die er immer eintrat. Dann hörte sie seinen Schritt auf der Treppe, unten, auf den ersten Stufen, und wurde einen Augenblick blass. Sie hatte sich angewöhnt, wegen der einfachsten Alltäglichkeiten stille kleine Gebete zu murmeln, und jetzt flüsterte sie: „Bitte, lieber Gott, mach, dass er mich noch hübsch findet."

Die Tür öffnete sich, Jim trat ein und schloss sie. Er sah mager und sehr feierlich aus. Armer Junge, er war erst zweiundzwanzig – und schon mit Familie belastet! Er brauchte einen neuen Mantel und hatte auch keine Handschuhe.

Jim blieb an der Tür stehen, reglos wie ein Vorstehhund, der eine Wachtel ausgemacht hat. Seine Augen waren auf Della geheftet, und ein Ausdruck lag in ihnen, den sie nicht zu deuten vermochte und der sie erschreckte. Es war weder Ärger noch Verwunderung, weder Missbilligung noch Abneigung, noch überhaupt eins der Gefühle, auf die sie sich gefasst hatte. Er starrte sie nur unverwandt an mit diesem eigentümlichen Gesichtsausdruck.

Della rutschte langsam vom Tisch und ging zu ihm. „Jim, Liebster", rief sie, „sieh mich nicht so an. Ich hab' mein Haar abschneiden lassen und verkauft, weil ich Weihnachten ohne ein Geschenk für dich nicht überlebt hätte. Es wird wieder wachsen – du nimmst es nicht tragisch, nicht wahr? Ich musste es einfach tun. Mein Haar wächst unheimlich schnell. Sag mir fröhliche Weihnachten, Jim, und lass uns glücklich sein. Du ahnst nicht, was für ein hübsches, was für ein schönes, wunderschönes Geschenk ich für dich bekommen habe."

„Du hast dein Haar abgeschnitten?", fragte Jim mühsam, als könne er selbst nach schwerster geistiger Arbeit nicht an den Punkt gelangen, diese offenkundige Tatsache zu begreifen.

„Abgeschnitten und verkauft", sagte Della. „Hast du mich

jetzt nicht noch ebenso lieb? Ich bin auch ohne mein Haar noch dieselbe, nicht war?"

Jim blickte neugierig im Zimmer umher. „Du sagst, dein Haar ist weg?", bemerkte er mit nahezu idiotischem Gesichtsausdruck.

„Du brauchst nicht danach zu suchen", sagte Della. „Ich sag dir doch, es ist verkauft und weg. Heute ist Heiligabend, Jungchen. Sei nett zu mir, denn es ist ja für dich weg. Vielleicht waren die Haare auf meinem Kopf gezählt", fuhr sie mit einer jähen, feierlichen Zärtlichkeit fort, „aber nie könnte jemand meine Liebe zu dir zählen. Soll ich die Koteletts aufsetzen, Jim?"

Jim schien im Nu aus seiner Starrheit zu erwachen. Er umarmte seine Della. Wir wollen inzwischen mit diskreten Forscherblicken zehn Sekunden lang eine an sich unwichtige Sache in anderer Richtung betrachten. Acht Dollar die Woche oder eine Million im Jahr – was ist der Unterschied? Ein Mathematiker oder ein Witzbold würden uns eine falsche Antwort geben. Die Weisen brachten wertvolle Geschenke, aber dies war nicht darunter. Diese dunkle Behauptung soll später erläutert werden.

Jim zog ein Päckchen aus der Manteltasche und warf es auf den Tisch. „Täusch dich nicht über mich, Dell", sagte er. „Du darfst nicht glauben, dass so etwas wie Haare schneiden oder stutzen oder waschen mich dahin bringen könnte, mein Mädchen weniger lieb zu haben. Aber wenn du das Päckchen auspackst, wirst du sehen, warum du mich zuerst eine Weile aus der Fassung gebracht hast."

Weiße Finger rissen hurtig an der Strippe und am Papier. Und dann ein verzückter Freudenschrei, und dann – ach! – ein schnelles weibliches Hinüberwechseln zu hysterischen Tränen und Klagen, die dem Herrn des Hauses den umgehenden Einsatz aller Trostmöglichkeiten abforderten.

Denn da lagen Kämme – die Garnitur Kämme, die Della

seit langem in einem Broadway-Schaufenster angeschmachtet hatte. Wunderschöne Kämme, echt Schildpatt mit juwelenverzierten Rändern – gerade in der Schattierung, die zu dem schönen, verschwundenen Haar gepasst hätte. Es waren teure Kämme, das wusste sie, und ihr Herz hatte nach ihnen gebettelt und gebarmt, ohne die leiseste Hoffnung, sie je zu besitzen. Und nun waren sie ihr eigen; aber die Flechten, die der ersehnte Schmuck hätte zieren sollen, waren fort. Doch sie presste sie zärtlich an die Brust und war schließlich so weit, dass sie mit feuchten Augen und einem Lächeln aufblicken und sagen konnte: „Mein Haar wächst so schnell, Jim!" Und dann sprang Della auf wie ein gebranntes Kätzchen und rief: „Oh, oh!"

Jim hatte ja noch nicht sein schönes Geschenk gesehen. Ungestüm hielt sie es ihm in der geöffneten Hand entgegen. Das leblose, kostbare Metall schien im Abglanz ihres strahlenden, brennenden Eifers zu blitzen.

„Ist die nicht toll, Jim? Die ganze Stadt habe ich danach abgejagt. Jetzt musst du hundertmal am Tag nachsehen, wie spät es ist. Gib mir die Uhr. Ich möchte sehen, wie sich die Kette dazu macht."

Statt zu gehorchen, ließ er sich auf die Chaiselongue fallen, legte die Hände im Nacken zusammen und lächelte. „Dell", sagte er, „wir wollen unsere Weihnachtsgeschenke beiseite legen und eine Weile aufheben. Sie sind zu hübsch, als dass wir sie jetzt schon in Gebrauch nehmen sollten. Ich habe die Uhr verkauft, um das Geld für die Kämme zu haben. Wie wäre es, wenn du die Koteletts braten würdest?"

Die Weisen waren, wie ihr wisst, weise Männer – wunderbar weise Männer, die dem Kind in der Krippe Geschenke brachten. Sie haben die Kunst erfunden, Weihnachtsgeschenke zu machen. Da sie weise waren, waren natürlich auch ihre Geschenke weise und hatten vielleicht den Vorzug, umgetauscht werden zu können, falls es Dubletten gab. Und hier habe ich euch nun schlecht und recht die ereignislose Geschichte von zwei törichten Kindern in einer möblierten Wohnung erzählt, die höchst unweise die größten Schätze des Hauses füreinander opferten. Doch mit einem letzten Wort sei den heutigen Weisen gesagt, dass diese beiden die weisesten aller Schenkenden waren. Von allen, die Geschenke geben und empfangen, sind sie die weisesten. Überall sind sie die weisesten. Sie sind die wahren Weisen.

Hellmut Glubrecht

Alles Wunderbare ist leise

Es war in der Mittagszeit des 24. Dezember. In Tausenden von Büros und Arbeitsräumen bot sich um die Stunde das gleiche Bild: Menschen, die die letzten Akten und Bücher auf ihren Schreibtischen vor sich zuklappten, sich rasch oder schwerfällig erhoben und mit Aktentaschen und Paketen zu kramen begannen. Noch ein paar betriebsame Stunden der Vorbereitung – und dann würde wirklich Weihnachten sein, Ausruhen, Feiern, Beschenken, Briefe lesen von Menschen, von denen man lange nichts gehört hat, und – das mochte wohl diesen Tausenden gehetzten Menschen das Wichtigste sein – einmal ganz die Arbeit vergessen.

Schon seit Wochen trug die Großstadt die ihr eigenen Zeichen der Weihnachtszeit, ein Meer von Glühbirnen, Pappfiguren, Tannenbäumen und Girlanden. Mancher Stadtbewohner ging wohl des Abends mit einer gewissen Andacht durch die hellen und bunten Straßen, so als wäre auch dies schon etwas von dem geheimnisvollen, immer wiederkehrenden Zauber des Christfestes. Den meisten aber war die Betriebsamkeit der Vorbereitungen zum Heiligen Abend nur eine erwünschte oder eine unvermeidliche Last; Weihnachten, das echte Weihnachten begann erst, wenn man alle Geschenke besorgt, alle Pakete verschickt und alles zum Fest gerichtet hatte, wenn man im Beruf einen erträglichen Abschluss, im Haushalt eine mehr oder weniger vollkommene Ordnung geschafft hatte.

In einem der Büros, in denen jetzt der Alltag auszuklingen schien, saß Dr. Richard Wolf, Direktor einer chemischen Fabrik, trotz seines noch recht jugendlichen Alters in einer wichtigen und verantwortlichen Stellung, die die übliche Fülle von Sorgen und Problemen mit sich brachte. In diesem Augenblicke aber dachte er nicht mehr an Umsätze, Verträge oder Fabrikationsverfahren, sondern blickte zufrieden auf einen kleinen, mit Notizen übersäten Zettel, auf dem alles ausgestrichen war bis auf den Namen eines Schmuckgeschäftes und die Bemerkung dahinter „Kette für M.“

Es war nicht leicht gewesen und hatte zahllose Wege und Telefongespräche erfordert, bis er in einem Dutzend von Geschäften und unter Hunderten von Halsketten das gefunden hatte, was er sich als Geschenk für seine Frau dachte. Es sollte nicht protzig, aber auch nicht zu unscheinbar sein. Vor einem Jahr hatte er ihr ein goldenes Armband geschenkt, in diesem Jahr musste nun eine gewisse Steigerung da sein. Schließlich war er selber im vergangenen Jahr vorwärts gekommen, sein Gehalt hatte sich erhöht und seine Frau hatte dafür auf manchen gemeinsamen Abend verzichten müssen. Was würde sie staunen, wenn sie am Abend das goldblitzende Schmuckstück mit seinen kostbaren Steinen auspackte – lohnte sich für einen solchen Augenblick nicht das viele

Hetzen und Herumlaufen, das noch zu der Arbeit und den anderen Weihnachtseinkäufen gekommen war?

Eine Viertelstunde später hielt er mit seinem Wagen vor dem Geschäft. Während er am Tresen stand und auf die Kette wartete, die er noch hatte gravieren lassen, sprach ihn von der Seite eine junge Dame an: „Nun, sind Sie auch noch beim Einkaufen, Herr Direktor?"

Überrascht blickte er hinüber; das reizvolle, sorgfältig geschminkte Gesicht, in das er schaute, war ihm wohl bekannt. Es gehörte einer Sekretärin seines Betriebes, die eine Zeit in seinem Vorzimmer gearbeitet hatte und inzwischen in eine andere verantwortliche Stellung gekommen war.

Er brauchte auf ihre Frage nicht gleich zu antworten, denn in diesem Augenblick reichte ihm die Verkäuferin die geöffnete Kassette mit der kostbaren Kette herüber und wies auf die Initialen M. W., die sie schon jetzt als Eigentum der zukünftigen Besitzerin auswiesen.

„Nein, wie herrlich!", klang es jetzt neben ihm. „Das wird ja ein schöner Weihnachtsabend für Ihre Frau! Weiß sie denn schon davon?"

„Nichts ahnt sie!", antwortete Wolf stolz und zufrieden, „ich habe das natürlich ganz allein besorgt. Ein schönes Stück Zeit hat mich das gekostet!"

„... und das Geld", staunte die junge Dame. „Als kleine Sekretärin muss man auf solchen Schmuck sein ganzes Leben verzichten!"

„Es brauchen ja nicht immer gleich Gold und echte Steine zu sein", meinte Wolf gönnerhaft, „bei einer hübschen jungen Dame macht sich auch anderer Schmuck gut!"

„Danke für das Kompliment", sagte die junge Dame, und dann etwas spöttisch: „Sie meinen wohl so etwas?" Dabei wies sie auf den Tresen neben sich, wo ein junger Mann in einem einfachen Regenmantel nachdenklich und auswählend auf ein paar Ketten blickte, die ein Verkäufer vor ihm ausgebreitet hatte. Es waren Ketten aus einfachen naturfarbenen Holzkugeln, von denen allerdings durch die verschiedene Maserung und Farbe des Holzes keine der anderen glich. Überdies schienen manche der Ketten Kugeln aus mehr als einem Dutzend verschiedener Holzarten zu enthalten.

Versonnen ließ der Käufer einmal die eine, einmal die andere Kette durch seine großen, schmalen Hände gleiten, schließlich entschied er sich für eine Birkenholzkette und verließ, nachdem er den geringen Preis bezahlt hatte, rasch den Laden – nicht ohne an der Tür noch einmal behutsam nach der Manteltasche zu fühlen, als sei er um die Sicherheit des eben erst Gekauften besorgt.

Inzwischen hatte auch Wolf einen Blick auf die Holzketten geworfen: „Vielleicht würde sich meine Frau auch über so etwas freuen“, sagte er halb zu sich selbst, halb zu dem Mädchen, das noch neben ihm stand.

„Gegenüber der goldenen Kette würde sich die hölzerne recht dürftig ausnehmen“, lächelte die Sekretärin, „aber machen Sie doch die Überraschung perfekt und legen Sie ihr erst die Holzkette hin – und wenn sie dann etwas enttäuscht und verwundert ist, packen Sie die richtige Kette aus!“

Wolf fand den Einfall nicht schlecht. Er nahm ziemlich wahllos eine der Holzketten, die die verschiedensten Kugeln enthielt, ließ sich dann auch das kostbare Halsband sorgfältig verpacken und ging rasch mit einem „Danke für die nette Idee! Und frohes Fest!“ an das junge Mädchen zu seinem Wagen hinaus.

Auf dem Heimweg überdachte er, was er zu Haus noch bis zum Abend zu richten hatte. Es waren zahllose Kleinigkeiten: Ein paar Karten waren noch zu schreiben, die Geschenke für die Kinder zu verpacken, sicherlich auch noch der Christbaum fertig zu schmücken – hoffentlich war Merula schon recht weit damit gekommen. M. W. – Merula Wolf, unwillkürlich sah er die eingravierten Buchstaben in dem goldenen Schloss der Kette vor sich. Es waren nicht die richtigen Initialen seiner Frau, der seltsame Vorname stammte aus einem Buch, das sie vor langer Zeit gemeinsam gelesen hatten. Dichtung und Wirklichkeit hatten sich damals für sie miteinander verschmolzen, so wie ihr ganzes junges Leben von Träumen und Bildern verzaubert war. Die Kette ...

Ganz plötzlich schrak er aus seinen Gedanken auf. Er war, ohne darauf zu achten, beim Fahren bis über die Mitte der Straße hinausgekommen. Jetzt war auf einmal ein anderes Fahrzeug vor ihm. Er bremste scharf, aber die Fahrbahn war glatt, der Wagen schleuderte und schlug mit der Breitseite gegen die Stoßstange des anderen. Glas klirrte, ein feiner Splitter schnitt sein Gesicht, dann standen beide.

Während er ausstieg, vernahm er schon die zornige Stimme des anderen Fahrers. Etwas benommen murmelte er: „Tut mir sehr leid", zog seine Karte aus der Brieftasche und hoffte, die Angelegenheit schnell erledigen zu können. Aber der andere gab sich nicht zufrieden, er bestand darauf, Zeugen hinzuzuziehen; bald kam noch die Polizei, und erst nach fast einer Stunde ärgerlichen Redens konnte er mit seinem beschädigten, aber noch fahrtüchtigen Wagen das letzte Stück bis zu seiner Wohnung zurücklegen.

Es gelang ihm, den Wagen unbemerkt in die Garage zu bringen. Als er dann die Haustür aufschloss, kam seine Frau den Weg durch den Vorgarten entlang, im Arm einen großen Strauß roter Christsterne.

„Entschuldige, dass es so spät wurde", rief er ihr entgegen und versuchte dann, in möglichst harmloser Form den Zwischenfall auf der Straße zu berichten. Sie strich ganz leise mit ihren schlanken Fingern über die kleine, schon getrocknete Wunde auf seiner Backe. „Komm erst einmal", sagte sie dann.

Im Haus war es still, die Kinder waren wohl auch noch

mit ihren kleinen Geschenken beschäftigt. Merula ging ins Wohnzimmer, wo zwei Sessel vor einem Fenster zum Garten standen. Sie legte Mantel und Blumen zur Seite und setzte sich: „Ich will dir auch etwas erzählen“, sagte sie. „Aber wir haben doch noch zu tun“, er sprach den Satz nur zur Hälfte.

Seine Frau blickte ihn an, und er fühlte einen merkwürdigen, aber irgendwie beruhigenden Zwang in ihren großen blauen Augen.

„Sollten wir nicht erst einmal dankbar sein, dass alles so gut abging, und dass du hier gesund bei mir sitzt?“, fragte sie leise.

„Ja, gewiss. Und was wolltest du mir erzählen?“ Irgendwie hatte Wolf noch das Bestreben, das Gespräch rasch zu Ende zu bringen. In ein paar Stunden sollte doch beschert werden, der Baum, die Glückwunschkarten, die Geschenke ...

„Richard“, sagte die Frau, „ich glaube, wir sind in Gefahr, unser Leben falsch einzurichten. Zu geschäftig, zu unruhig, vielleicht sogar zu gierig und damit in Wahrheit zu anspruchslos. Ich war eben beim Gärtner, und ich habe da auch etwas erlebt. Es scheint dir vielleicht ganz klein und unbedeutend, und das ist es auch gegenüber der schrecklichen Aufregung, die du durchmachen musstest, Lieber. Aber ich habe etwas daraus gelernt.

Während ich wartete, wurde einer der Gartenarbeiter von seiner kleinen Tochter abgeholt. Der Gärtnermeister sah das Kind, nahm einen Topf mit zwei roten Tulpen, die gerade aus den Knospen hervorkamen, und gab ihn ihr zum Geschenk. Das Kind strahlte vor Entzücken und sah nichts mehr um sich außer seinem kleinen Blumentopf. Und dann trat sein Vater zu ihm, der doch täglich mit Tausenden von Blumen umgeht, und zeigte ihr noch alle Einzelheiten an den Tulpenpflanzen, wie sich die Außenblätter aus den Zwiebeln heben, wie dann der kurze Stiel dazwischen aufragte und wie das Grün der Knospenhülle in das Rot der Blüte überging. Ich hatte längst meine Blumen bekommen und ging hinaus, da standen die beiden noch immer und waren in ihr Schauen und Betrachten versunken. Ja, das ist eigentlich schon alles."

„Das ist reizend", sagte Dr. Richard Wolf und dann schwieg er verlegen.

„Nein, das ist viel mehr", fuhr seine Frau fort, „es ist das, was wir auch einmal konnten, oder besser: was uns einmal geschenkt war. Alles Wunderbare in dieser Welt ist leise, und wenn wir von etwas anderem Äußerlichen erfüllt sind, tut es sich nur langsam für uns auf. Vielleicht ist es von allein überhaupt nichts und wird erst schön, wenn wir es als etwas Schönes erkennen. Oder es begegnet sich etwas, das in uns ist, mit dem Leben, das in allen Dingen ist, in den großen wie in den unscheinbaren."

„Dann wäre es vielleicht wichtiger, die unscheinbaren Dinge richtig zu sehen, als den großen nachzujagen und darüber die eigene innere Kraft zu verbrauchen?", fragte der Mann, der mit einem Male die Zeit und alle Geschäfte vergessen hatte.

„Ja, das glaube ich", antwortete Merula.

Eine Zeit lang war es still. Die Gedanken des Mannes gingen zurück; er sah plötzlich den Unbekannten vor sich, der im Laden neben ihm die Holzperlenketten betrachtet hatte. Er und das Kind, von dem seine Frau erzählte – wussten sie mehr von den Geheimnissen dieser Weihnachtszeit?

„Du wirst müde sein, Richard", sagte Merula, und er fühlte sich plötzlich erschöpft und entspannt zugleich. Er sah noch, wie sie aufstand und zu dem Christbaum in der anderen Zimmerecke hinüberging. „Wie schön sie sich bewegt", dachte er noch, dann fielen ihm die Augen zu.

Er erwachte wieder von den Stimmen der Kinder vor der Tür. Seine Frau sprach mit ihnen, dann kam sie wieder herein, küsste ihn leicht und begann, die verpackten

Geschenke auf dem Tisch auszubreiten. Er stand auf und fühlte sich frisch und ausgeruht.

Bald danach saßen alle um den Christbaum mit seinen glänzenden Lichtern. Die roten Christsterne standen in einer hohen Vase vor dem Gabentisch und schienen zu glühen.

Wolf zog das Paket mit der goldenen Kette hervor, das er in der Tasche versteckt hatte, und reichte es etwas unsicher seiner Frau. Sie lächelte, als sie die Kassette öffnete und die Steine in den goldenen Fassungen ihr entgegenblitzten.

„Wie schön hast du das ausgesucht", sagte sie warm und herzlich, aber es schien ihm, als ob in ihren Augen eine stumme Frage war. Da griff er noch einmal in die Tasche und hielt die kleine Kette mit den hellen und dunklen Holzkugeln in der Hand. Merula stellte die Kassette mit dem kostbaren Halsband zur Seite. Ganz langsam nahm sie die Holzperlenkette aus seinen Händen und trat damit direkt vor die Kerzen des Christbaumes.

Er stand neben ihr und es war ihm, als sehe er die Kette zum ersten Male. Nicht eine der Kugeln glich der anderen, alle Tönungen des Braun waren darin, vom dunklen Mahagoni bis zur hellen Farbe des Birkenholzes. Und auf manchen der Kugeln schlossen sich die feinen Maserungen des Holzes zu Kreisen – Teilen der Jahresringe.

Die Kinder drängten sich dazu und schauten voller Neugier. „Ist das alles aus Holz, Mutti?", fragte eines von ihnen.

„Ja", sagte Merula, „es ist aus dem Holz der Bäume, das immer wieder von neuem wächst, draußen in den Wäldern."

„Aber jetzt im Winter wachsen die Bäume doch nicht?" fragte das Kind weiter.

„Nein", erwiderte die Mutter, „in der Weihnachtszeit ruhen alle Pflanzen aus. Deshalb sollen sich auch die Menschen eine kurze Zeitspanne zum Ausruhen gönnen."

Das Kind sprang wieder zu seinen Spielsachen. Jetzt

wollte der Vater erklären, aber Merula lächelte ihm zu und sagte: „Du brauchst mir nichts zu erklären. Auch das gehört zu dem seltsamen Sinn dieser Zeit, dass das Großartige plötzlich gering und das Unscheinbare bedeutend wird. Das Kind, das vor fast zweitausend Jahren in dieser Nacht in einem Stall geboren wurde, hat die Welt tiefer bewegt als alle gekrönten Häupter jener Zeit zusammen. Lass uns die schöne kostbare Kette bewundern, aber diese hier will ich lieb haben."

Paul Powers

Eine Rolle Goldpapier

In der Dezemberkälte fröstelnd, aber innerlich kochend vor Wut schleppte ich mich erschöpft die Auffahrt zu unserem Haus in Toronto hinauf. Dieser Tag, so kam es mir vor, war der demütigendste meines Lebens gewesen – ich hatte nämlich bei mehreren Kirchengemeinden um Geld betteln müssen, das sie mir schuldeten.

Wir waren extrem schlecht bei Kasse in diesem Jahr. Meiner Frau Margie und unseren zwei Töchtern – Christina, vier Jahre alt, und Paula, noch nicht ganz zwei – stand ein tristes Weihnachtsfest bevor. Im Herbst 1972 hatte ich in mindestens acht Gemeinden in der unmittelbaren Umgebung von Toronto Kinderevangelisationen durchgeführt. Aber keine der Gemeinden hatte sofort gezahlt.

„Wir schicken Ihnen das Honorar per Post", war die Erklärung, die ich normalerweise zu hören bekam, oder: „Der Vorgang muss erst noch in die Buchhaltung."

Wir hatten gewartet und gewartet – aber kein Scheck war gekommen. Margie drängte mich nun, kurz vor Weihnachten, ich müsse endlich dafür sorgen, dass Geld hereinkomme, damit wenigstens die dringendsten Rechnungen bezahlt werden konnten. Wir hatten nämlich ebenfalls Schulden bei Geschäftspartnern, die bezahlt werden mussten, außerdem wollten wir Margies Eltern eine beträchtliche Summe zurückzahlen, die sie uns Anfang des Jahres als Darlehen gegeben hatten.

Je näher Weihnachten rückte, desto mutloser und wütender wurde ich. Ich fing an, über Christen zu schimpfen, die ihre Rechnungen nicht bezahlen ... Margie unterbrach mich und schlug vor: „Nun hör schon auf zu jammern. Warum gehst du nicht einfach zu den Gemeinden und sagst ihnen, wie es bei uns aussieht? Wir brauchen das Geld!“

Am 23. Dezember fuhr ich gleich nach dem Frühstück los, um mit den Pastoren oder ihren Sekretärinnen zu sprechen. Ich wurde freundlich empfangen, doch stets bekam ich das Gleiche zu hören:

„Der Scheck müsste längst in der Post sein. Vielleicht ist er verloren gegangen.“ Oder: „Ich weiß auch nicht, was mit dem Scheck los ist ... Vielleicht muss er noch abgezeichnet werden.“

„Sehen Sie“, erklärte ich der Sekretärin in einer Gemeinde, „ich bin praktisch pleite. Ich bitte Sie doch nur um das, was Ihre Gemeinde mir schuldet, damit meine Frau und unsere beiden kleinen Mädchen richtig Weihnachten feiern können.“

Daraufhin öffnete sie die Portokasse und nahm ein paar Dollar heraus. „Tut mir Leid, Mr. Powers, mehr kann ich Ihnen ohne Vollmacht vom Pastor leider nicht geben, und der kommt erst morgen Abend zurück.“

Den ganzen Tag lang wiederholten sich diese demütigenden Szenen; ich bekam zwar hier und da ein paar Dollar, aber nirgends mein gesamtes Honorar. Stattdessen wurde mir mit Blicken zu verstehen gegeben: „Du arbeitest doch für Gott – wie kannst du da so hinter dem Geld her sein?“

Auf der Heimfahrt dachte ich: „Ja, ich arbeite für Gott, und er sorgt für mich. Aber er tut es durch andere Menschen. Und wenn diese Menschen ihre Schulden nicht bezahlen, was dann?“

Dank Margies Beharrlichkeit hatte ich in letzter Zeit wieder mehr in Kirchengemeinden gearbeitet, statt bei säkularen Veranstaltungen Zaubertricks vorzuführen – Auftritte, die immer gut bezahlt worden waren. Und nun? Wir hatten kaum noch etwas zu essen im Haus.

„Wenigstens heute Abend werden wir eine anständige Mahlzeit bekommen“, sagte ich mir. „Und wenn wir dann zu Weihnachten bei den Schwiegereltern auf der Farm sind, werden wir wie die Fürsten speisen …“

„Na, wie war's?“, fragte Margie bei meiner Rückkehr erwartungsvoll.

„Nicht besonders gut. Ich war in acht Gemeinden und habe nicht mal 40 Dollar zusammenbekommen. Ich habe erst mal getankt für die Fahrt zur Farm. Hier ist ein bisschen Geld für Lebensmittel und was du sonst noch besorgen musst. Geh sorgfältig damit um, Margie, es ist alles, was wir haben.“

Margie verbarg ihre Enttäuschung und versuchte, ihre gewohnte Heiterkeit aufrechtzuerhalten, während sie die Mädchen anzog und dann zum Einkaufen losging. Sie war froh, hinauszukommen, denn ich war viel länger weggewesen als geplant, und jetzt war ich auch noch schlecht gelaunt zurückgekommen, konnte jederzeit explodieren … Als Margie fort war, sah ich mich tatsächlich im Wohnzimmer um, was wir eventuell noch verpfänden konnten.

Zwei Stunden später waren Margie und die Kinder wieder

da. Sie schnatterten aufgeregt darüber, was sie alles erstanden hatten. Margie freute sich über ein paar echte Schnäppchen, aber alles, was ich dazu sagte, war: „Das soll wohl ein Scherz sein! Wir können uns gar nicht mehr leisten als ein paar Lebensmittel."

Margie antwortete kühl: „Ich habe das Geld für Sachen ausgegeben, die ich für nötig hielt."

Während wir die Einkäufe wegräumten, murrte und knurrte ich weiter. Dann zeigte mir Tina eine Rolle goldenes Geschenkpapier. „Guck mal, Papa, was Mama gekauft hat."

Ich nahm die Rolle, sah sie mir an und sagte: „Und was soll das hier für ein Schnäppchen sein?"

„Es hat nur einen Dollar gekostet", sagte Tina stolz.

„Einen Dollar! Na ja, ich hoffe es reicht wenigstens für alle Geschenke."

Es stellte sich jedoch heraus, dass nur ein einziger Bogen auf einer dicken Papprolle war. Und der hatte einen ganzen Dollar gekostet! Alle Wut, die sich den Tag über angestaut hatte, kam auf einmal in mir hoch.

„Wie kannst du nur so verschwenderisch sein?", schrie ich Margie an. „Du hast einen ganzen Dollar für nichts und wieder nichts zum Fenster hinausgeworfen – für einen Bogen blödes Geschenkpapier! Ich habe wochenlang Kleingeld gesammelt, damit wir wenigstens das Geld haben, um Weihnachten zur Farm zu fahren."

Margie sagte nichts, sah aber völlig niedergeschmettert aus. Tina versuchte wegzuschauen und so zu tun, als sei nichts passiert.

Beim Abendessen war die Stimmung auf dem Nullpunkt. Margie hatte aus den erstandenen Lebensmitteln ein gutes Essen zubereitet, aber alle saßen schweigend am Tisch und stocherten auf ihren Tellern herum. Köpfe und Schultern waren unter der Wucht meiner Schimpftirade nach unten gesackt. Einmal blickte Tina auf, und in ihren blauen Augen standen Tränen. Sie studierte nur meine Miene und senkte den Blick dann wieder auf ihren Teller.

Nach dem Essen gingen wir hinunter ins Untergeschoss in mein Büro. Ich musste noch die letzten Geschenke einpacken und ein paar Dinge erledigen, bevor wir am nächsten Morgen zu Margies Familie aufbrechen konnten. Tina war bei uns, aber weil ich nicht wollte, dass sie mitbekam, wie wir die Puppen einpackten, die wir schon Anfang des Jahres im Sonderangebot gekauft hatten, schickte ich sie hinaus: „Tina, würdest du bitte nach oben gehen und das Goldpapier holen, für das deine Mutter viel Geld verschwendet hat?"

Ich bin sicher, dass Tina die ganze Bedeutung meiner Worte nicht erfasste, aber Margie verstand sehr wohl. Tina trottete pflichtbewusst nach oben, um das Papier zu suchen, während Margie und ich weiter Geschenke einpackten und dabei spitze Bemerkungen austauschten. Sie verteidigte natürlich ihre Frauenrolle und ihr Recht zu kaufen, was sie für nötig hielt, sowie ich meine Männerrolle verteidigte, indem ich durchblicken ließ, dass sie schlecht wirtschaftete.

„Oh ja, Paul", erwiderte sie bissig, „du kennst dich natürlich in allem aus, nicht wahr? Du weißt natürlich alles."

Weil Tina nicht zurückgekommen war, rief ich nach oben, bekam aber keine Antwort.

„Was macht das Kind denn bloß so lange?", schimpfte ich, während ich bereits die Treppe hinauf stürmte, Margie direkt hinter mir. Tina saß mitten im Zimmer auf dem Boden, umrahmt von zerknittertem Goldpapier und drei Scheren; Tesafilmstreifen klebten überall an ihr und auf dem Teppich. Sie hatte den gesamten Bogen Goldpapier verbraucht, um etwas einzuwickeln, das wie ein Schuhkarton aussah.

Tina lächelte fröhlich, als sie uns kommen sah, aber ihr Lächeln wich einem erschrockenen Ausdruck, als sie bemerkte, wie wütend ich war. Sie stieß einen kleinen Schrei aus, als ich quer durchs Zimmer stürmte, sie an einem Arm packte und wegriss. Dann schlug ich sie dreimal sehr fest ins Gesicht. Tina schrie vor Schmerz und Schreck, während Margie wie erstarrt dastand.

In meinem Kopf drehte sich alles, aber durch Tinas Schluchzen wurde mir plötzlich bewusst, was ich getan hatte. Ich begann am ganzen Körper zu zittern ... und plötzlich begannen andere Geräusche meine Gedanken zu überfluten, Schreie des Zorns, der Wut und des Schmerzes, die in meinen Kindheitserinnerungen verschlossen gewesen waren. Meine Gedanken gingen zurück zu den unzähligen Gelegenheiten, wo ich selbst das verschreckte Kind in der Gewalt eines wutentbrannten betrunkenen Vaters gewesen war.

Plötzlich wurde ich von einer Woge von Schuldgefühlen und Reue überrollt, in der ich zu ertrinken drohte. „Siehst du", flüsterten die alten Erinnerungen mir ein, „du bist genau wie dein Alter ... genau wie dein Vater, der betrunkene Taugenichts, der deinen Bruder und deine Schwestern geschlagen hat ... du bist ein Versager, du hast in fast allem versagt, was du jemals angepackt hast ... Und jetzt versagst du genauso, wie dein Vater versagt hat, als deine Mutter starb. Jetzt schlägst du dein Kind, machst es kaputt, wirfst es durch die Gegend und schreist es an ... genauso wie er es immer mit dir gemacht hat."

Trotz meiner Schuldgefühle entschuldigte ich mich bei niemandem. Tina hatte etwas falsch gemacht; das musste sie lernen. Und Margie musste lernen, dass ich der Herr im Haus war. Sie musste lernen, wo ihr Platz war, und ich hatte das Recht, die Kinder zu bestrafen. Aber selbst während ich meinen Standpunkt vor Margie rechtfertigte, sagte mir mein Verstand: „Du Heuchler, du lebst mit der Lüge eines Narren. Du bist genauso übel wie dein Vater damals, und du hast versucht, jeden darüber zu täuschen. Der echte Paul Powers ist der Typ, der seine Kinder schlägt, genau wie sein Vater ..."

Den Rest des Abends herrschte in unserer Wohnung größere Kälte als draußen in der kalten Dezembernacht. Tina blieb auf ihrem Zimmer, und Margie sprach nicht mit mir. Später ging ich noch einmal zu Tina, um mit ihr zu reden. Sie lag still und hellwach im Bett und sah zugleich erschrocken und traurig aus.

Was ich ihr sagte, war nicht gerade tröstlich: „Wie konntest du nur so etwas Dummes tun? Weißt du denn nicht, wie schwer ich für das Geld arbeiten musste? Du weißt, dass ich den ganzen Tag unterwegs war, nur für ein paar lausige Dollar! Wie konntest du nur? Tut es dir denn gar nicht leid, was du mit dem Papier gemacht hast?“

Tina blickte zu mir auf und sagte mit leiser, zittriger Stimme: „Doch Papa, es tut mir Leid!“

Ich gab ihr nicht einmal einen Gutenachtkuss. Mein überheblicher Stolz ließ es einfach nicht zu. Die Nacht verbrachte ich auf der Couch in meinem Büro. Margie hatte an der Tür von Tinas Zimmer gestanden und meine „Gute-Nacht-Predigt“ mitangehört. Sie wollte nichts mit mir zu tun haben – und ich konnte es ihr nicht einmal verübeln.

Die ganze Nacht wälzte ich mich auf der Couch hin und her. Immer wieder hörte ich Stimmen, die sagten: „Du bist genau wie dein Vater … du bist ein Feigling, der kleine Kinder schlägt … genau wie dein Vater … du bist schlecht, schlecht …“

Der nächste Tag war der 24. Dezember. Wie immer begannen wir den Tag mit einer Andacht, aber die Worte blieben mir im Halse stecken, und mein hastiges Gebet schien an der Zimmerdecke hängen zu bleiben. Margie war einsilbig, mein Stolz stand zwischen uns.

Um zehn Uhr wollten wir zur Farm von Margies Eltern starten, und wir hatten beschlossen, den Mädchen noch vor der Abfahrt die Puppen zu geben, die wir am Abend zuvor eingepackt hatten, damit sie auf der etwa 200 Kilometer langen Fahrt etwas zum Spielen hatten. Die Mädchen öffneten ihre Päckchen am Frühstückstisch und quietschten vor Begeisterung. Sie hatten die schreckliche Szene vom Vorabend anscheinend vergessen. Margie hatte natürlich nichts vergessen – genauso wenig wie ich.

Dann wurde es Zeit zum Aufbruch. Als wir uns anzogen, beobachtete ich, wie Margie den beiden Kleinen ihre pinkfarbenen Wintermäntel mit der weißen Fellumrandung an den Kapuzen anzog, in denen sie aussahen wie kleine Engel. Normalerweise wäre ich vor Stolz fast geplatzt, aber ich schleppte immer noch die bleischwere Last meines Zorns mit mir herum. Als ich mich umdrehte, bekam ich die unselige Schachtel in den Blick, die Tina in das teure Goldpapier eingewickelt hatte. Ärgerlich kickte ich sie mit dem Fuß ins Wohnzimmer, wollte nicht mehr daran denken, wie viele Probleme sie ausgelöst hatte.

Da kam Tina hereingestürmt, hob die Schachtel auf und rannte zurück, um sie mir zu überreichen. Das Goldpapier war völlig zerknittert und mit Klebestreifen übersät. Obwohl es ziemlich ramponiert aussah, hielt sie mir das Geschenk stolz hin.

„Hier, für dich, Papa“, flüsterte sie mit nachdenklichem und gleichzeitig erwartungsvollem Blick.

Ich grabschte die Schachtel aus ihren winzigen Händen und stellte fest, dass sie für ihre Größe ziemlich leicht war. Was konnte das sein?, fragte ich mich. Ich schüttelte die Schachtel vorsichtig, aber nichts klapperte oder raschelte.

Während ich mich bemühte, das Päckchen zu öffnen, schossen mir die furchtbaren Szenen vom vergangenen Abend durch den Kopf. Ich fühlte mich schuldig, elend … und ich war wütend. Ich wollte mich gern entschuldigen, aber Margie und Tina hatten Unrecht gehabt. Margie hatte mich gedemütigt, und Kinder müssen eben lernen zu gehorchen.

Schließlich riss ich ungeduldig das Papier von der Schachtel. Als ich neugierig hineinsah, kochte wieder die Wut in mir hoch. Leer! Die Schachtel war völlig leer.

Mein Hals und mein Gesicht wurden krebsrot, und in scharfem Ton sagte ich zu Tina: „Christina, weißt du denn nicht, dass man erst etwas in eine Schachtel hineintut, bevor man sie als Geschenk verpackt?“

Tina duckte sich nicht vor meinem Zorn, sie blickte einfach mit Tränen in den Augen zu mir auf. Und wieder war da diese Stimme in mir, die flüsterte: „Du bist wie dein Alter ... du schlägst deine Kinder ... du bringst sie zum Weinen.“

„Aber ich habe doch was reingetan, Papa“, verteidigte sich Tina mit weinerlicher Stimme. „Ich habe ganz viele Küsse reingepustet. Die Schachtel ist ganz voll mit Küssen für dich!“

Ich spürte, wie ein markerschütternder Schock meinen ganzen Körper durchfuhr. Dann kroch mir eine Gänsehaut über den Rücken. Das Goldpapier, das immer noch am größten Teil der Schachtel klebte, glühte förmlich in meinen Händen. Obwohl Tinas Schachtel leer war, war sie doch randvoll. Sie hatte mir das geschenkt, was ich am dringendsten brauchte. Als Erwiderung auf meine Wut und die schmerzhaften Schläge hatte sie mir die bedingungslose Liebe eines Kindes geschenkt.

Mein Stolz und meine Wut schmolzen auf der Stelle dahin. Ich ging in die Knie, umarmte Tina und bat sie um Verzeihung. Ich umarmte Paula und Margie und bat auch sie um Verzeihung, und dabei liefen mir die Tränen über das Gesicht.

„Ich schäme mich ja so. Ihr habt wirklich etwas Besseres verdient. Lasst mich doch einfach hier zu Hause und fahrt allein zu Oma und Opa auf die Farm. Ich habe euch gar nicht verdient. Ihr hattet Recht, ich hatte Unrecht. Es ist mein Stolz, mein blöder Stolz. Ich schäme mich ja so!“

Margie musste trotz ihrer Tränen lächeln, und die

Mädchen drückten und küssten mich. „Wein doch nicht, Papa, wir haben dich doch lieb … Bitte nicht weinen, Papa."

Tina sagte: „Es tut mir Leid, Papa, es tut mir so Leid."

„Nein, Tina, mir tut es Leid … Papa ist krank … Papa ist krank."

„Musst du jetzt ins Krankenhaus, Papa?"

„Nein, aber ich gehe zu dem allerbesten Arzt …"

Die Mädchen wussten nicht, was ich meinte, aber Margie verstand mich sofort. Ich hielt die Hände meiner drei Lieben, während wir zusammen beteten. Ich bat Gott, den größten Feind zu vernichten: meinen Zorn. Ich bat um Heilung. Nie wieder wollte ich die Beherrschung verlieren – nie wieder.

Margie kniete sich neben mich und sagte: „Ich vergebe dir. Ich bin ebenso schuld, weil ich mich aufgeregt und an dir herumgenörgelt habe. Ich habe auch meinen Teil dazu beigetragen, aber wir lieben uns doch, und ich weiß, dass Gott uns weiterhelfen wird."

Ich presste die goldene Schachtel an meine Brust: „Die werde ich immer behalten. Das ist das beste Weihnachtsgeschenk überhaupt."

Margie hielt unsere beiden kleinen Mädchen ganz fest und korrigierte mich sanft. „Nein, Papa, das beste Weihnachtsgeschenk ist das Jesuskind."

„Da hast du Recht! Du hast ja so Recht, Margie", erwiderte ich. Dann wandte ich mich lächelnd an Tina: „Aber es ist das schönste Weihnachten, das ich je gehabt habe, glaub mir."

Eugen Reiser

Das grosse Geschenk

Am Ortsrand von Bethlehem lebte ein wohlhabender Mann auf seinem Hof. Er war nicht nur klug und fleißig, sondern auch sehr fromm und hatte es zu einem gewissen Reichtum gebracht. Der Mann war ein treuer Ehegatte und guter Vater – ein braver Bürger und Steuerzahler.

In der Nacht, als Jesus, der Sohn Gottes, in einem Stall geboren wurde, stand unser Mann draußen und schaute zu den Sternen hinauf. Er konnte nicht schlafen; Sorgen bedrückten sein Herz, und viele Gedanken gingen ihm durch den Kopf.

Plötzlich sah er, wie fünf Hirten im Dauerlauf auf das Dorf zurannten. Als sie an seinem Haus vorbeikamen, rief er: „Was ist los?"

Einer der Hirten hielt kurz an und sagte atemlos: „Der Heiland ist geboren!" Dann lief er weiter.

Der Mann dachte: Was für dummes Zeug! Das ist wieder typisch für diese Tagelöhner und Bettler – lassen die Herden im Stich, reden Blödsinn und tun nicht, was man ihnen sagt. Aber was geht mich das an, ich habe meine eigenen Sorgen! Und er schaute hinauf zu den Sternen, so als würde dort die Antwort auf seine Fragen stehen.

Im frühen Morgengrauen kamen die Hirten zurück. Der Mann stellte sich ihnen in den Weg, schließlich wusste er, wie man mit solchem Gesindel umgehen musste. Er schrie sie an: „He, ihr Burschen, was glaubt ihr denn eigentlich …?"

Lachend antwortete Sam, der Älteste von ihnen: „Wir glauben an den Heiland, wir haben ihn gesehen!"

Das verschlug dem Mann die Sprache, denn er sah die

strahlenden Gesichter der Männer, die er schon so lange kannte, und es war ihm, als hätte er sie heute zum ersten Mal gesehen. Er rief den Hirten nach: „Wo?"

Einer drehte sich um und rief zurück: „Im Stall bei der Schenke."

Der Mann ging ins Haus und dachte wieder: Was für ein Unsinn, der Heiland der Welt in einem Stall – bei der Schenke, oh ihr Halunken, da habt ihr euch was eingeschenkt! – Na ja, diese Außenseiter! Er wusste schließlich, was er von denen zu halten hatte.

Während er sein Frühstück zu sich nahm, dachte er immer noch an die merkwürdige Behauptung der Hirten. Der Heiland in einem Stall? Das konnte einfach nicht sein. Obwohl, bei Gott muss man ja immer mit Überraschungen rechnen. Und wenn er nun doch dort geboren ist, weil es sonst keinen Platz in Bethlehem gab? Wenn doch, dann möchte ich schon gern dabei sein, überlegte er – das will ich nicht nur den Hirten überlassen.

„He, Anna", rief er seine Frau, „pack ein Brot ein, Milch und Butter und ein bisschen Honig, ich muss einen Besuch machen!" Dann nahm er ein Bündel Geldscheine aus seinem Safe und machte sich auf den Weg zu jenem Stall, von dem die Hirten sprachen. Das Geld hatte er zur Sicherheit mitgenommen – denn wenn da wirklich der Heiland zur Welt gekommen sein sollte, wäre dieses Geld gut angelegt.

Der Mann kam zur Schenke, ging in den Hinterhof, und tatsächlich, dort vor der Stalltür stand ein Engel und hielt Wache. Unser Mann grüßte höflich und wollte an dem Engel vorbei in den Stall. Doch der Engel hielt ihn auf und fragte: „Was hast du da in deinem Beutel?"

Aha. Sicherheitskontrolle, sagte sich der Mann und war nun schon fast überzeugt, dass dort im Stall wirklich eine ganz wichtige Person zu Hause sein musste. Brav zeigte er das Brot, die Milch, die Butter, den Honig und auch das Geldbündel.

Da wurde der Engel traurig und sagte zu dem Mann: „Tut mir Leid, aber damit kannst du nicht hinein! Leg deine Geschenke da drüben auf den Tisch und dann geh!“

Der Mann wurde rot vor Scham, denn ihm war klar geworden, dass man mit so einem kleinen Trinkgeld nicht zum König der Welt kommen durfte. So legte er das Mitgebrachte auf den Tisch und ging schnell nach Hause. Dort nahm er das restliche Bargeld aus dem Safe, dazu eines von den vier Sparbüchern und die Grundbucheintragung für sein Haus. Das alles wollte er dem Heiland schenken – vor allem das Haus wollte er ihm anbieten – ihn zu einem Umzug bewegen, raus aus dem Stall – er, der Herr der Welt, sollte bei ihm wohnen – in einer sauberen Stube und in einem ordentlichen Bett.

Auf dem Rückweg zur Schenke war er sehr zufrieden mit sich und malte sich aus, wie das in den nächsten Wochen und Monaten sein würde, wenn all die vielen Leute kämen, um den König der Welt zu besuchen. In seinem Haus. Er würde der Erste sein, der dem Heiland sein Haus zur Verfügung gestellt hatte. Er hatte ihm Tor und Tür geöffnet.

Der Engel empfing ihn freundlich – das haben Engel so an sich. Mit feuchten Händen, aber voller Stolz, zeigte unser Mann das Bargeld, das Sparbuch Nr. 4 und die Grundbuchurkunde. Der Engel schüttelte bedauernd den Kopf. „Oh, mein Freund, hast du's noch nicht begriffen – geh, leg's zu den anderen Sachen drüben auf den Tisch und dann geh!“

Der Mann geriet in Panik. Zu wenig? Dabei hatte er doch fast alles …

Er schaute hinüber zu dem Tisch – dort saßen einige Männer und Frauen, Bettler aus dem Dorf – sie aßen sein Brot, seine Butter, seinen Honig – und jetzt teilten sie lachend das Geld – sein Geld. Wütend schrie er: „He, was soll das, lasst die Finger von meinem Sack, ihr Lumpen!“

„Na, na“, sagte der Engel beruhigend. „Du hast doch all

die schönen Sachen verschenkt – und sieh nur, wie sie sich freuen – und wie es ihnen gut tut."

„Ja – schon verschenkt! Aller doch nicht an dieses Pack – ein Ausländer ist auch noch dabei – das sind Gaben, die gehören dem Heiland der Welt – Mann, ich werde noch ganz verrückt!"

Der Engel schaute ihn jetzt nicht mehr ganz so freundlich an – auch das haben Engel so an sich – und sagte: „Der Heiland der Welt braucht deine Mitbringsel nicht. Die da drüben aber brauchen sie ganz dringend!"

Etwas hilflos und wütend fragte der Mann: „Ja, um Himmels willen, was will er denn dann, wenn das, was ich biete, noch immer zu wenig ist?"

„Er will dein Leben – und nicht deine Lebensmittel!"

Nur allzu gern gab der Engel diese Auskunft. Und er hielt dem Mann die Tür auf, aber der ging traurig weg, nach Hause, zu sich, dort, wo seine Welt war.

In der kommenden Nacht konnte der Mann wieder nicht schlafen – seine Gedanken schlugen Purzelbäume. Und am nächsten Morgen war ihm alles klar. Er nahm seinen kirchlichen Trauschein, seine Schulzeugnisse – die konnte er getrost zeigen – das polizeiliche Führungszeugnis hätte er fast vergessen. Dann setzte er sich hin und schrieb all die Psalmen und Liedverse auf, die er auswendig konnte. Beim Blättern fand er ein seelsorgerliches Zeugnis vom Gemeindeleiter. Seinen Blutspendepass und den Mitgliedsausweis vom Posaunenchor hatte er sowieso immer bei sich. Jetzt fehlten nur noch die Spendenbescheinigungen und die Tempuskalender der letzten drei Jahre – da würde der Heiland aber Augen machen. Dann packte er alles in eine Schuhschachtel. „Das also ist mein Leben, das will ich ihm geben", dachte der Mann.

Der Engel empfing ihn freundlich. „Na, was hast denn diesmal mitgebracht?"

„Na, das was du gesagt hast. Hier ist mein Lebenslauf, mit allen Belegen und Zeugnissen!“ Freudestrahlend hielt er dem Engel die Schuhschachtel hin und war sich ganz sicher, dass er nun endlich eine Audienz beim König der Welt bekommen würde.

Doch nun war der Engel sehr traurig – auch das haben Engel so an sich. „So, das also ist dein Leben – transportierbar in einer Schuhschachtel?“

Währenddessen kamen die fünf Hirten, pfeifend und von Herzen fröhlich. Sie grüßten kurz den Engel, der ging ein wenig zur Seite und ließ sie eintreten. Behutsam und sorgfältig machte er die Tür wieder zu.

Bitter enttäuscht fragte der Mann: „Was haben die, was ich nicht habe?“

„Die, die haben gar nichts, du kennst sie doch, das sind Habenichtse, wie sie im Buche stehen.“

„Und was bringen die dann dem König der Welt?“

„Nichts, ihre leeren Hände, das ist ihre Eintrittskarte. Du aber willst dir den Eintritt kaufen. Meinst du wirklich, Gott ist korrupt, und du kannst ihn mit deinen Geschenken und Leistungen bestechen? Bei dem Herrn, unserm Gott, ist kein Unrecht, weder Ansehen der Person noch Annehmen von Geschenken. Gib ihm deine Sorgen und dein stolzes Herz, dann wirst du wie die Hirten das volle Leben empfangen. Dieser Heiland will dich und jeden, der mit leeren Händen kommt, reich beschenken. Lass dir’s gefallen. Jetzt geh, leg deinen Lebenslauf dort auf den Tisch und dann komm – er wartet auf dich.“

Hieronymus

Gespräch mit dem Kindlein Jesus in der Krippe

Kirchenvater Hieronymus, der kurz vor seinem Ende dieses Gespräch aufschrieb, hat bis in sein hohes Alter in Bethlehem nahe bei der Geburtsstätte des Heilandes, dem „Kripplein Christi", gewohnt. Als er einen ehrenvollen Ruf zum Bischof erhielt, gab er zur Antwort: Man bringt mich nicht vom Kripplein Christi, mir ist nirgends besser. Eben an dem Ort, da mir Gott seinen Sohn vom Himmel gegeben hat, da will ich meine Seele hinauf in den Himmel schicken.

Sooft ich diesen Ort anschaue, hat mein Herz ein süßes Gespräch mit dem Kindlein Jesus.

Ich sage: Ach, Herr Jesus, wie zitterst du, wie hart liegst du um meiner Seligkeit willen! Wie soll ich dies vergelten?

Da dünkt mich, wie mir das Kindlein antworte: Nichts begehre ich, lieber Hieronymus, als singe: Ehre sei Gott in der Höhe! Lass dir's nur lieb sein, ich will noch dürftiger werden im Ölgarten und am heiligen Kreuz.

Ich spreche weiter: Liebes Jesulein, ich muss dir was geben, ich will dir all mein Geld geben.

Das Kind antwortet: Ist doch zuvor Himmel und Erde mein. Ich bedarf's nicht, gib's armen Leuten. Das will ich annehmen, als wäre mir's selber widerfahren.

Ich rede weiter: Liebes Jesulein, ich will's gerne tun, aber ich muss dir auch für deine Person etwas geben oder muss vor Leid sterben.

Das Kindlein antwortet: Lieber Hieronymus, weil du ja so kostfrei bist, so will ich dir sagen, was du mir geben sollst: Gib her deine Sünde, dein böses Gewissen und deine Verdammnis.

Ich spreche: Was willst du damit machen?

Das Jesuskind sagt: Ich will's auf meine Schultern nehmen, das soll meine Herrschaft und herrliche Tat sein, wie Jesaja vorzeiten geredet hat, dass ich deine Sünde will tragen und wegtragen.

Da fange ich bitterlich zu weinen an und sage: Kindlein, liebes Kindlein, wie hast du mir das Herz gerührt! Ich dachte, du wolltest was Gutes haben, so willst du alles, was bei mir böse ist, haben. Nimm hin, was mein ist! Gib mir, was dein ist! So bin ich die Sünde los und des ewigen Lebens gewiss.

Eckart zur Nieden

Nur ein dummer Zufall?

Pascal sitzt vor seinen Weihnachtsgeschenken auf dem Teppich und ist sauer. Das Geld reicht nicht! Er hat sich vor allem Geld gewünscht, damit er das Paddelboot kaufen kann. Im nächsten Sommer will die Gruppe eine lange Fahrt durch Flüsse und Kanäle im Süden Frankreichs machen. Aber ihm fehlen noch mindestens 800 Franc.

Als Mutter vorbeigeht, greift er schnell nach einem Buch. Sie soll nicht sehen, dass er enttäuscht ist. Das gibt sonst nur wieder Ärger. Aber enttäuscht ist er.

Warum haben sie ihm kein Geld geschenkt? Er hat es sich doch so gewünscht! Stattdessen Bücher und solche Sachen! Pascal ahnt allerdings den Grund: Sie wollen nicht, dass er mitfährt. Sie haben Angst um ihn, als wenn er noch ein Kindergartenkind wäre!

Wütend steht Pascal auf, zieht sich seine Jacke und die Schuhe an und geht hinaus. Vielleicht trifft er ein paar Freunde. Und wenn nicht, ist es immer noch besser, draußen herumzulaufen, statt im Wohnzimmer unterm Weihnachtsbaum vor den vielen unnützen Geschenken zu sitzen. Über die ärgert er sich ja doch nur.

Es ist schon dunkel. Pascal schlendert die Straße hinunter. Das Einzige, was seine Laune ein bisschen hebt, ist, dass er ab und zu mit beiden Beinen in den Schneematsch springt, den die Leute an den Straßenrand gekehrt haben. Das spritzt so schön nach allen Seiten.

Vor den Gartenhecken neben den Eingängen stehen überall Mülltonnen. Die meisten quellen über von dem vielen Abfall der Festtage.

Seltsam – auf einigen Tonnendeckeln liegt etwas. Briefumschläge! Einige in die Griffe geklemmt, einige mit Klebestreifen befestigt, einige mit einem Stein beschwert. Was bedeutet das?

Pascal ist neugierig und öffnet einen der Umschläge. „Merci!“, steht darauf. Darin steckt ein 20-Franc-Schein.

Da fällt es ihm ein – das war im letzten Jahr auch so: Die Leute geben den Müllmännern ein Trinkgeld. Morgen werden zum letzten Mal in diesem Jahr die Mülltonnen geleert.

Geld! Wie viel Geld liegt wohl allein in dieser Straße auf den Mülldeckeln! Wenn er sich das nun einfach mitnimmt ... Das fällt wahrscheinlich gar nicht auf. Die Bewohner haben die Umschläge abgegeben und damit sicher vergessen. Und die Müllmänner wissen ja nicht, dass da etwas war. Und außerdem liegt sowieso nicht auf jeder Tonne ein Geschenk …

Ohne lange zu zögern schreitet Pascal zur Tat. Er blickt sich um – niemand ist zu sehen. Bei dem nasskalten Wetter läuft keiner unnötig draußen herum. Und wenn zufällig jemand zum Fenster heraussehen sollte, bemerkt er wahrscheinlich auch nichts, weil die Hecken höher sind als die Tonnen. Er darf nur nicht so lange stehen bleiben.

Es geht ganz schnell. Umschläge nimmt er mit; wenn eine extra Karte dabei ist, lässt er sie liegen. Auch drei Packungen Zigaretten und ein Schnapsfläschchen rührt er nicht an.

Als er zu Hause ankommt, seine Beute unter der Jacke versteckt, geht er schnell in sein Zimmer. Es ist zu gefährlich, das Geld jetzt zu zählen – seine Mutter könnte unverhofft hereinkommen.

Er schiebt alles unter sein Bett und geht ins Wohnzimmer. Da setzt er sich sogar hin und nimmt eins der neuen Bücher zur Hand. Zunächst ist er noch zu aufgeregt, um sich aufs Lesen zu konzentrieren, aber dann findet er das Buch gar nicht so schlecht, wie er zunächst dachte.

Am Abend, als er allein ist, holt er sein Diebesgut unter dem Bett hervor, schüttet das Geld aus und zählt. 147 Franc. Na ja, ganz schön. Aber es reicht nicht!

Am nächsten Morgen steht Pascal am Fenster und schaut den Müllarbeitern zu. Keiner scheint etwas zu vermissen. Es sind zwei arabisch aussehende Männer, wahrscheinlich Marokkaner. Da ruft sein Vater.

„Was ist, Papa?“

„Du bist ja einer! Hättest mir doch sagen können, dass Oma dir Geld zu Weihnachten geschenkt hat! Das war vielleicht peinlich eben, als ich mit ihr telefoniert habe! Sie hat gefragt, ob du dich über das Geld gefreut hast. Ich hab’ natürlich ja gesagt. Wie viel war es denn?“

Pascal bleibt das Herz stehen. Der Brief von Oma! Er hat ihn gar nicht aufgemacht! Wer rechnet denn auch damit, dass sie Geld schickt! Das hat sie doch noch nie gemacht! Immer nur so'n albernes Geschreibsel, das ihn nicht interessiert: von ihren Blumen und von ihren Krankheiten und ob er, Pascal, in der Schule immer schön aufpasst. Das hat er sich ersparen wollen und den Brief ungeöffnet weggelegt. Und nachher vergessen.

Glücklicherweise ruft Mutter aus der Küche: „400 Franc! Stell dir mal vor, so viel! Sie hat mir neulich am Telefon gesagt, dass sie eine Nachzahlung gekriegt hat. Da wollte sie Pascal auch eine Freude machen."

Pascal stottert: „Ja, 400 Franc. Ganz toll."

„Dann schreib ihr aber mal einen richtigen Brief und bedank dich!", mahnt der Vater.

„Na klar! Was denkst du denn!" Pascal läuft in sein Zimmer.

Wo ist der Brief von Oma? Gestern lag er noch da, bei den anderen Überbleibseln von Weihnachten, Geschenkpapier und Kartons. In einen der Kartons hat er gestern Abend die entleerten Briefumschläge von seinem Beutezug gestopft und gleich in die Mülltonne gebracht, damit die Eltern sie nicht finden. Da muss der Brief von Oma dazwischengeraten sein ... Und eben sind die Tonnen geleert worden!

Siedend heiß wird ihm. Zunächst ist er wie gelähmt vor Schreck. Aber dann springt er auf, ruft hinüber: „Ich will mal eben zu Maurice, was besprechen, bin gleich wieder da!", und rennt los.

Die Müllmänner sind erst vorn an der Kreuzung. Gerade biegt ihr Auto nach rechts ein. Pascal rennt, so schnell er kann. Ganz außer Atem kommt er bei ihnen an.

„Bonjour, äh – Sie haben ... Also, ich hab' aus Versehen ..."

„Na", sagt einer der Marokkaner freundlich, „hol erst mal Luft!"

Der andere, ein älterer Kollege, kommt mit einer Tonne heran. „Sag bloß, du hast was in eurer Tonne gehabt, das du jetzt zurückhaben willst."

„Ja, woher wissen Sie …"

„Ist schon ein paar Mal vorgekommen."

„Ein Brief", sagt Pascal. „Ein ungeöffneter Brief von meiner Oma. Es war so ein großer bunter Weihnachtsbaum draufgedruckt. Und mein Name stand drauf, Pascal Fresne."

„Schlag dir das aus dem Kopf, Kleiner! Den siehst du nie wieder!"

„Aber … aber …", Pascal kämpft gegen die Tränen an.

Der Jüngere hat inzwischen die nächste Tonne herangeholt und ausgeleert. „Na, so schlimm wird es doch nicht sein", meint er. „Sag deiner Oma, sie soll dir noch einen Brief schreiben."

Pascal steht still, während sich das Müllfahrzeug entfernt. Langsam trottet er zurück. Er ist so niedergeschlagen, dass er gar nicht merkt, wie kalt es ist, da er in der Eile keine Jacke angezogen hatte.

Am Nachmittag liegt Pascal auf seiner Bettcouch und starrt gegen die Zimmerdecke. Und da fällt ihm zum ersten Mal die merkwürdige Verbindung zwischen den beiden Ereignissen auf: Er hat die Müllabfuhr bestohlen, und die hat nun auch sein Geld genommen. Ein komischer Zufall. Oder ist es vielleicht gar keiner? Könnte es nicht eine Strafe sein? Ja, so muss es sein! Eine Strafe! Das hat er jetzt davon! Er hat den Müllmännern ihr Geld weggenommen. Ein Dieb ist er! Und es geschieht ihm ganz recht, dass er sein Geld verloren hat! Pascal schämt sich zutiefst vor sich selber. Und zugleich ärgert er sich.

„Warum weinst du, Pascal?" Plötzlich steht seine Mutter da. Sie setzt sich neben ihn.

Jetzt hat er keine Kraft mehr, sich herauszulügen. Schluchzend erzählt er alles. Sein Vater hätte wahrscheinlich geschimpft, aber seine Mutter meint nur: „Oh, das ist schlimm, Pascal, sehr schlimm! Du darfst doch nichts nehmen, was dir nicht gehört! Du musst das Geld zurückgeben!“

Das ist Pascal sowieso klar. Er muss das gestohlene Geld zurückgeben, und das Geschenkte hat er auch nicht mehr. Jetzt steht er mit leeren Händen da. Sein Boot und die Fahrt mit der Gruppe kann er abschreiben.

„Das ist nun die Strafe“, presst er heraus.

„Na, Strafe würde ich nicht sagen“, meint seine Mutter. „Es ist ein dummer Zufall, dass beides mit dem Müll zu tun hat. Aber Strafe – wer sollte dich denn strafen?“

„Gott vielleicht?“, fragt Pascal.

Seine Mutter schüttelt den Kopf. „Du weißt, daran glaube ich nicht so richtig. Auch wenn Oma immer davon spricht. Aber ehrlich muss man trotzdem sein, auch wenn man keine Angst vor Gott hat. Wenn die Menschen miteinander auskommen wollen …“

„Du meinst, es gibt keinen Gott, der auf uns guckt, und überhaupt, der uns gemacht hat und so?“

„Ich weiß es nicht, Pascal. Aber das ist doch auch nicht so wichtig, wie wir uns das vorstellen. Hauptsache, wir verhalten uns richtig.“

„Ich finde es aber sehr wichtig!“

„Sieh mal, angenommen, Gott wäre da oben und würde uns beobachten. Dann müsste er doch …“

Es klingelt. Die Mutter steht auf und geht zur Haustür.

„Dann müsste er doch …“ Die Worte klingen Pascal weiter im Ohr. Was müsste er dann? Dann müsste Gott die Menschen bestrafen, die Sünde tun. Das ist doch klar! Er müsste genau das tun, was er mit ihm getan hat! Gott hat ihm die 400 Franc weggenommen, weil er den Müllmännern die 147 geklaut hat. Dass seine Mutter das nicht einsehen will!

„Pascal!“, ruft sie.

Er läuft zum Eingang. Draußen steht der Marokkaner von der Müllabfuhr und grinst ihn an. „Hallo! Ist das dein Brief?“

Pascal traut seinen Augen nicht. Der junge Mann streckt ihm den Brief mit dem großen, bunten Weihnachtsbaum entgegen.

„Ich hab' ihn zufällig gesehen, als ich ausgeleert habe. Er war zur Seite gerutscht. Und als ich den Weihnachtsbaum sah, hab' ich mich erinnert, was du gesagt hast.“

„Da … danke!“, stammelt Pascal nur.

„Na“, meint seine Mutter, „da gibt es aber noch mehr zu sagen als nur ‚danke‘!“

Der Marokkaner sagt: „Ich musste sowieso auf dem Heimweg hier vorbei. Es war also kein Umweg.“

„Kommen Sie doch bitte herein! Mein Sohn will Ihnen noch etwas geben. Und er hat auch etwas zu sagen.“

Da hilft nun alles nichts. Pascal muss alles erzählen, während der Mann am Tisch sitzt und Mutter ihm Kaffee und Weihnachtsplätzchen hingestellt hat. Er bemüht sich auch gar nicht, etwas zu beschönigen. Am Schluss bittet er um Verzeihung, holt die 147 Franc und legt sie neben den Plätzchenteller. Die Mutter legt noch etwas dazu, dann bedanken sie sich noch einmal, wünschen dem Mann ein gutes neues Jahr und verabschieden sich an der Haustür.

Kaum ist Pascal wieder in der Wohnung, öffnet er Omas Brief. Tatsächlich – vier Hundertfranc-Scheine stecken darin.

„Ein tolles Geschenk von Oma, nicht wahr, Pascal?“

„Ganz toll!“

„Freust du dich?“

„Na klar! Vielleicht kann ich ja doch im Sommer mit.“

„Mal sehen. So ein Zufall aber auch, dass der nun grade den Brief in dem riesigen Müllberg entdeckt hat. Und auch noch gerade dieser Müllmann, der so freundlich ist!“

Pascal sieht seine Mutter nachdenklich an. „Ein bisschen viel Zufall auf einmal, findest du nicht?“ Sie antwortet nicht, räumt nur wortlos Plätzchen und Kaffeetasse weg.

Pascal hängt seinen Gedanken nach. Welche Schlussfolgerung soll er jetzt aus den Ereignissen ziehen? Erst war er sicher, Gott habe ihn gestraft. Aber wenn er nun das Geld zurückbekommen hat …?

„Was schreibt Oma denn?“

„Ach so.“ Pascal zieht den Brief heraus und liest halblaut. „Mein lieber Pascal, ein frohes Weihnachtsfest wünsche ich dir – na ja, ist ja nun vorbei. – Weihnacht heißt, dass Gott zu uns Menschen kommt. Da müssten wir eigentlich Angst haben, denn wir haben uns ja gegen ihn versündigt …“

„So was schreibt Oma immer am Anfang. Lies mal, was sie sonst noch schreibt! Wie geht's ihr?“

„Ich finde das aber wichtig! – Aber Gott kommt nicht als Richter, sondern als kleines Kind; nicht mit Zorn, sondern mit Liebe. Er will uns nicht strafen, sondern uns helfen zurechtzukommen.“ Pascal blickt auf und denkt über diese Worte nach.

„Und?“, fragt seine Mutter. „Wie geht's weiter? Schreibt sie etwas zu dem Geld?“

Pascal muss seine Gedanken von weit her holen. Das dauert einige Augenblicke. Dann wendet er sich wieder dem Brief zu. „Ja, hier, weiter unten: Darum hoffe ich, dir mit den 400 Franc eine Freude zu machen. Ich bin glücklich, dass ich dich durch meine Nachzahlung mal etwas großzügiger beschenken kann. Weißt du, wir beschenken uns, weil uns Gott so reich beschenkt hat.“

„Muss sie denn nun ins Krankenhaus? Gib mir mal den Brief! Du liest ja gar nicht, worauf es ankommt!“

„Doch!“, sagt Pascal leise, gibt ihr den Brief und geht in sein Zimmer. Er muss in Ruhe nachdenken.

Franz von Assisi

Man muss etwas merken nach Weihnachten

Was nützt es, wenn ihr immer noch zur Krippe kommt, die ich euch in der Höhle zu Greccio dargestellt habe?

Was nützt es, wenn ihr die Demut des göttlichen Kindes bewundert, die Freude der heiligen Jungfrau mitempfindet oder das Staunen des heiligen Josef, der nur gebraucht wurde, nicht mehr?

Was nützt es, wenn ihr den Eifer der Hirten verfolgt, die alles liegen und stehen ließen, nur um den Heiland zu suchen und zu schauen?

Was nützt es, wenn ihr Weihnachten nur feiert, eure Geschenke aufrechnet und für ein paar Stunden gerührt seid?

Ich habe euch die Krippe nicht zum Anschauen geschenkt, sondern zum Anfassen. Man muss das Kind „auf seinen Händen tragen", muss die Muttergottes und ihren Mann „in den Arm nehmen", man muss sich mitten unter die Hirten gesellen und einer von ihnen werden. Mit den Gestalten der Heiligen Nacht eins werden, das ist es.

Man muss selber die Demut des Kindes lernen, dem Staunen und der Freude der Eltern im eigenen Herzen Raum geben, man muss sich von den Hirten anstecken lassen.

Man muss etwas merken nach Weihnachten, dass man die Christgeburt gefeiert hat. Und man wird sich auf den Weg machen müssen, um an Epiphanias seine eigenen Gaben zu bringen. Nein, sich selbst.

Die Flucht

Matthäus 2, 13–21

Als die Weisen hinweggezogen waren, siehe, da erschien der Engel des Herrn dem Josef im Traum und sprach: „Steh auf, nimm das Kindlein und seine Mutter mit dir und flieh nach Ägypten und bleib dort, bis ich dir's sage; denn Herodes hat vor, das Kindlein zu suchen, um es umzubringen." Da stand er auf und nahm das Kindlein und seine Mutter mit sich bei Nacht und entwich nach Ägypten.
Als Herodes nun sah, dass er von den Weisen betrogen worden war, wurde er sehr zornig und schickte aus und ließ alle Kinder in Bethlehem töten und in der ganzen Gegend, die zweijährig und darunter waren, nach der Zeit, die er von den Weisen genau erkundet hatte.
Als aber Herodes gestorben war, da erschien der Engel des Herrn dem Josef im Traum in Ägypten und sprach: „Steh auf, nimm das Kindlein und seine Mutter mit dir und zieh hin in das Land Israel; sie sind gestorben, die dem Kindlein nach dem Leben getrachtet haben."
Da stand er auf und nahm das Kindlein und seine Mutter mit sich und kam in das Land Israel.

Elisabeth Bernet

Der Mandelzweig

Einmal, mein Kind, wirst du fragen, warum an deinem Geburtstag, mitten im Winter, immer ein Mandelzweig blüht, und warum ich dir immer wieder dieses Lied singe. Dann werde ich nach Worten suchen, die dem Unaussprechlichen Raum geben, die das große Geheimnis aufleuchten lassen, das Menschen zu Menschen macht, das Göttliche in unserem vergänglichen, verschmutzten Kleid.

Kaum 20-jährig hatte ich geheiratet. Klaus war ein ehrgeiziger junger Mann, ständig am Puls der Zeit. Mir gefiel sein Auftreten. Er gab mir Selbstbewusstsein und verkörperte die Kraft, die ich in mir nicht finden konnte. Manchmal, wenn ich leise „aber" sagte, fuhr er mir unwillig durchs Haar und sagte: „Träum nicht so viel, wir leben in einer Zeit, wo Träume nicht am Platz sind. Wir müssen handeln, um vorwärts zu kommen."

Solange ich denken konnte, hatten Rosenbaums neben uns gewohnt. Wenn ich mir als Kind die Knie blutig geschürft hatte, nahm Mama mich an der Hand und ging zu Doktor Rosenbaum. Seit letzter Nacht waren Rosenbaums verschwunden.

„Was haben diese Leute denn verbrochen?", fragte ich Klaus.

„Sie sind Juden, also werden sie auch etwas angestellt haben, umsonst sind sie sicher nicht abgeholt worden." Klaus hatte immer sofort eine Antwort.

Ich versuchte ein klärendes Gespräch mit ihm. Es endete in einem wütenden Streit. Ich packte meine Sachen und zog zu meinen Eltern. Klaus drohte mir noch Rache an. Einige Wochen später war er an der Front.

Meine alten Eltern waren heimliche Gegner der Nazis und versuchten im Verborgenen, einigen Juden zu helfen. Da sie sehr abgelegen wohnten, gelang es ihnen eine Zeit lang, einigen Verfolgten Unterschlupf zu gewähren. Die klare Haltung meiner Eltern half mir, etwas Hoffnung zu schöpfen und an die Zukunft zu glauben, trotz des schrecklichen Krieges.

Eines Tages bekam ich die Nachricht, dass Klaus wegen einer Verletzung Fronturlaub bekam. Da er auf keinen Fall etwas von den Aktivitäten meiner Eltern bemerken durfte, ging ich in unsere gemeinsame Wohnung zurück.

Klaus erholte sich rasch und kehrte zu seiner Kompanie zurück. Ich aber stellte mit Schrecken fest, dass ich schwanger war. Sofort wollte ich zu meinen Eltern zurück. Das Reisen war jedoch fast unmöglich geworden. So erreichte ich ihr Haus erst nach einigen Tagen. Ich fand ein unbeschreibliches Chaos vor. Die Fenster und Türen waren zerstört, das Haus geplündert, von meinen Eltern fehlte jede Spur. Entsetzt suchte ich im Nachbardorf bei Freunden Unterschlupf. Sie erzählten mir, dass jemand aus unserem engsten Verwandtenkreis meine Eltern verraten haben musste. Da erinnerte ich mich an die Worte, die Klaus mir bei unserem letzten Streit nachgerufen hatte: „Alle, die Juden verstecken, gehören ebenfalls nach Auschwitz.“

Einige Tage blieb ich bei den Freunden. Sie gaben mir noch einige Habseligkeiten, die mein Vater angesichts der Gefahr bei ihnen versteckt hatte. Darunter war auch ein Kästchen mit wertvollem, alten Familienschmuck und eine Adresse von Freunden, die weiter westlich einen großen Bauernhof hatten. So machte ich mich zu Fuß auf den Weg zu ihnen.

Manchmal hatte ich Glück und fand für einige Zeit Unterkunft und Arbeit bei den großen Bauernhöfen. Dann aber machte mir die zunehmende Schwangerschaft Mühe, und ich wollte weiter, um die Freunde meiner Eltern noch vor Wintereinbruch zu erreichen. Auf dem Weg dahin musste ich mich auch einmal durch ein großes Waldgebiet kämpfen. Als sich Dunkelheit über den Wald senkte, entdeckte ich ein altes Bienenhaus, das offensichtlich seit langem nicht mehr genutzt wurde.

Zaghaft öffnete ich die Tür. Erschrocken blickte mich eine junge Frau an. Als sie sah, wie durchnässt meine Kleider waren und wie ich vor Kälte zitterte, streckte sie mir die Hand entgegen und sagte: „Ich heiße Milena." Dann half sie mir aus den nassen Sachen und hüllte mich in eine Decke. Jetzt erst entdeckte ich, dass in der Ecke nahe dem Ofen ein Säugling lag.

Milena gab mir warmen Tee und zeigte mir einen Platz, wo ich schlafen konnte. Sie erzählte mir noch, dass auch sie auf der Flucht wären. Ihr Mann hätte längere Zeit als Jude unerkannt in einem Krankenhaus unter falschem Namen gearbeitet. Als aber ein Vorgesetzter Verdacht schöpfte, seien sie hierher gekommen und lebten seitdem versteckt in diesem Bienenhaus. Hier war vor drei Wochen auch ihr erstes Kind zur Welt gekommen.

Als ich nach langem, schweren Schlaf erwachte, hatte ich hohes Fieber. Inzwischen war Milenas Mann zurückgekommen und legte mir kalte Tücher auf die Stirn. Die beiden pflegten mich liebevoll.

Trotz dieser schrecklichen Zeit und meiner schlechten inneren und äußeren Verfassung erlebte ich in diesen Tagen wirkliche Freundschaft und wahre Menschlichkeit. Wir sprachen über alle unsere Sorgen, und ich konnte zum ersten Mal von meiner Feigheit und meiner Verzweiflung reden. Am Abend sangen Milena und Ruben oft. Sie lehrten mich ein Lied, das mir zeitlebens in Herz und Ohren klingen wird: „Freunde, dass der Mandelzweig wieder blüht und treibt ..."

Langsam kam ich wieder zu Kräften. Ich wollte mich

nicht länger als Schmarotzer erweisen und nahm etwas von meinem Schmuck, um im nächsten Dorf bei den Bauern dafür Lebensmittel einzutauschen. Als ich am Abend in unser Versteck zurückkam, überfiel mich neuer Schüttelfrost, und das Fieber stieg höher als zuvor. Ich lag wie benommen und nahm alle Sorge und Pflege der beiden wie durch einen Nebelschleier wahr.

In dieser Nacht hörte ich Milena und Ruben miteinander flüstern: „Sie braucht jetzt dringend stärkere Medikamente, sonst sind sie und ihr Kind in Lebensgefahr. Ich gehe bis zur Bahnlinie, dann versuche ich, mit einem Güterzug die nächste Stadt zu erreichen. Dr. Weber wird mich sicher nicht abweisen und mir das Nötige mitgeben“, sagte Ruben. Milena war einverstanden, obwohl sie wusste, welcher Gefahr sie sich damit aussetzten.

Meine Schmerzen wurden immer heftiger, und bevor Ruben zurückkam, wurde in dieser Nacht meine kleine Tochter geboren. Sie war als Frühgeburt viel zu klein. Trotz meiner Erschöpfung merkte ich, wie Milena sich verzweifelt bemühte, das Neugeborene zu beatmen.

Als Ruben am Morgen zurückkam und das Kind und mich untersuchte, strich er mir liebevoll über das Haar. Das winzige Körperchen atmete nicht mehr. Milena und Ruben legten es schweigend neben mich. Dieses Kind war schon vor seiner Geburt zum Tode verurteilt, weil es nicht in Liebe erwartet worden war.

Ich war so aufgewühlt, dass ich in dieser Nacht kaum Schlaf fand. Da hörte ich Rubens besorgte Stimme: „Milena, ich bin nicht sicher, ob ich kürzlich bei meiner Rückkehr nicht von einem früheren Angestellten der Klinik gesehen wurde.“

„Wenn wir es verantworten können, dann lass uns aufbrechen und einen neuen Unterschlupf suchen“, antwortete Milena.

Es war noch nicht hell, als wild an die Tür geschlagen wurde. Uns allen war klar, was das bedeutete. Milena drängte sich mit dem Kind dicht an Ruben. Er legte beide Arme um sie, und sie sagten ein letztes wortloses Ja zueinander. Das Poltern wurde stärker, und ich fürchtete, die Tür würde jeden Moment eingedrückt. Da knöpfte Milena mir in aller Eile die Bluse auf, legte ihr kleines Söhnchen an meine Brust und folgte in großer Verzweiflung Ruben, der gerade die Türe öffnete.

„Da sind sie ja, die lange Gesuchten", spottete die höhnische Stimme eines SS-Mannes. Zwei andere Gestapomänner drängten sich durch die Tür. Dann herrschte mich einer von ihnen an: „Wer sind Sie und was treiben Sie hier?"

„Ich wurde auf der Durchreise krank und konnte nicht weiter mit meinem Kind", stammelte ich. Dann kramte ich meinen Ausweis hervor und hielt ihn dem SS-Mann hin. „Wieso gehen Sie nicht ins Dorf, sondern verstecken sich hier bei diesem Gesindel?", fuhr er mich an.

„Sie konnte nicht wissen, dass wir Juden sind", unterbrach ihn Ruben und lenkte die Aufmerksamkeit wieder auf sich und Milena. Ich drückte das Kind noch mehr an meine Brust, als wäre es der Strohhalm, der mich noch am Leben hielt. In diesem Augenblick wurden Milena und Ruben zur Tür hinausgedrängt. Noch einmal sahen sie auf ihren Sohn an meiner Brust. Ich konnte nichts anderes tun als laut und deutlich „Ja" sagen. Ich hoffte von Herzen, dass sie verstanden hatten, dass ich mit diesem Ja das Versprechen abgelegt hatte, dieses Kind aus ganzem Herzen zu lieben.

Ich saß wie benommen da, als zwei Schüsse die Stille zerrissen. Das Kind, das immer noch an meiner Brust trank, zuckte vor Schrecken zusammen und begann zu weinen. In diesem Moment hatte es seine Eltern verloren.

Ich brauchte einige Tage, um mir bewusst zu werden, was geschehen war. Was aber den Todesschergen nicht zum

Opfer gefallen war, war das Geheimnis der Liebe und des Lebens. Bei den Babysachen fand ich einen kleinen, zerknitterten Zettel. Er war in Hebräisch geschrieben, und ich konnte ihn nicht lesen.

Der Rest ist schnell erzählt. Ich spürte zum ersten Mal im Leben einen Sinn. Ich hatte eine Botschaft an dieses Kind weiterzugeben. Eine nie gekannte Kraft entwickelte sich in mir. Außerdem öffnete dieses wunderschöne Kind alle Herzen und Türen. Mit Hilfe eines Bauern, der mich in seinem Fuhrwerk mitnahm, erreichte ich das nächste Kloster.

Es war um die Weihnachtszeit. Die junge Nonne, die mir die Pforte öffnete, sah nur das Kind in meinem Arm. Es muss sie sehr an das Jesuskind erinnert haben, denn sie hieß mich freundlich willkommen.

Am Weihnachtsabend kam ein alter Mönch, um die Messe zu halten. Ich suchte den Zettel und bat ihn, ihn mir zu übersetzen. Nach kurzem Überlegen sprach er die vertrauten Worte aus dem ersten Buch Mose: „Sie sahen ihn von weitem. Bevor er jedoch nahe an sie herangekommen war, fassten sie den Entschluss, ihn umzubringen. Sie sagten zueinander: Dort kommt ja der Träumer. Jetzt aber auf, erschlagen wir ihn, und werfen wir ihn in eine der Zisternen. Sagen wir, ein wildes Tier habe ihn gefressen. Dann werden wir ja sehen, was aus seinen Träumen wird. Ruben hörte das und wollte Josef aus ihrer Hand retten. Er sagte: Begehen wir keinen Mord, und vergießt kein unschuldiges Blut! Werft ihn in die Zisterne da in der Steppe, aber legt nicht Hand an ihn! Er selbst wollte ihn nämlich aus ihrer Hand retten und zu seinem Vater zurückbringen."

Ja, die Geschichte von Josef und seinen Brüdern stand mir lebendig vor Augen. Sicher hatte Milena diese Geschichte geliebt. Nun wurde mir bewusst, dass in der Geschichte der Bruder Ruben den Grundstein, den Samen der späteren

Rettung gelegt hatte. Deshalb konnte Josef später verzeihen und reichen Segen über das Haus Jakob bringen.

Als der alte Mönch mich später fragte: „Wie heißt Ihr Kind?“, antwortete ich: „Ruben.“

Eine Nonne sah mich verständnislos an. „Wieso geben Sie Ihrem Kind denn nicht den Namen eines Heiligen?“

„Wenn Sie mit heilig einen Menschen meinen“, entgegnete ich, „der sein Leben hingibt für andere, dessen Liebe größer ist als der Hass, dann kann ich keinen heiligeren Namen als Milena und Ruben finden.“ Und ich erzählte ihr die Geschichte, denn der Krieg und das Todesregime Hitlers waren zu Ende.

Als ich wenige Wochen später das Kloster verließ, sangen die Schwestern mit mir das Lied vom Mandelzweig. Ich hoffe, dass ich es mein Leben lang weitersingen werde:

Freunde, dass der Mandelzweig wieder blüht und treibt,
ist das nicht ein Fingerzeig, dass die Liebe bleibt?

Dass das Leben nicht verging, so viel Blut auch schreit,
achtet dieses nicht gering in der trübsten Zeit.

Tausende zerstampft der Krieg, eine Welt vergeht,
doch des Lebens Blütensieg leicht im Winde weht.

Freunde, dass der Mandelzweig sich in Blüten wiegt,
bleibe uns ein Fingerzeig, wie das Leben siegt.

(Text: Schalom Ben-Chorin)

Christa Held

WER FÄHRT DENN DA SCHON HIN?

Mami, Ayten hat ein Baby, und jetzt weint sie!" Peters Stimme klang vorwurfsvoll, als ob Frau Mertin persönlich verantwortlich für Aytens Tränen sei.

„Wer ist – bitte schön – Ayten? Und warum weint sie wegen eines Babys?"

„Ayten ist die Neue in der Klasse – aus der Türkei."

Frau Mertin wischte sich die mehligen Finger an der Schürze ab, was sie nun wirklich nur tat, wenn sie ein wenig durcheinander war. Und das war sie, denn Peter war sechs und in der ersten Klasse.

„Also, noch mal von vorne", sagte sie und hatte eine tiefe Falte zwischen den Augen.

„Ayten ist in deiner Klasse – also auch sechs."

„Nein, acht", verbesserte Peter, „denn sie kann kein Deutsch."

„Meinetwegen auch acht, aber dann kann das mit dem Baby auch nicht stimmen."

„Es ist das Baby von Senay." Peter verstand nicht, warum große Leute, manchmal sogar Mami, so schwer von Begriff waren.

„Und wer ist Senay?", seufzte Frau Mertin und überlegte, was noch in den Weihnachtskuchenteig hinein sollte.

„Schwester von Ayten – wohnt neu im Lager, will bei Familie zu Ayten – Hauswirt sagt, nix mehr Türken in Haus, Senay weint, Baby keine Windeln, und Ayten auch weint."

Peter hatte das Radebrechen so treffend nachgemacht, dass Frau Mertin am liebsten gelacht hätte, aber seine Augen blickten sie mit so einem seltsamen Ausdruck an, dass auch sie an Weinen denken musste. Sie hockte sich zu ihrem Sohn nieder und stubste mit ihrem mehligen Finger ihm eine weiße Nasenspitze.

„Und was nun?“, fragte sie.

„Ich suche gerade meinen weißen Teddy, den soll das Baby haben, sonst weint es auch noch“, sagte Peter, drehte sich um und rannte in sein Zimmer.

„Doch nicht deinen weißen Teddy!“ Frau Mertin brachte nur ein Flüstern zustande, aber Peter hätte sie sowieso nicht gehört.

Das war die Vorgeschichte. Und nun saßen Herr und Frau Mertin mit Peter im Auto, und die Scheinwerfer fraßen sich hinein in die frühe Dunkelheit.

„So verrückt können nur Frauen sein!“, hatte Herr Mertin gewettert, aber da hatte Frau Mertin schon ein großes Paket fertiggemacht. Sie hatte gar nicht hingehört, sie plagte nur der Gedanke, ob so ein neugeborenes Türkenkind auch das wirklich gebrauchen könnte, was ihr da so schnell unter die Finger gekommen war. Peters beharrliches „Versprochen ist versprochen“ hatte den Ausschlag gegeben. Den Teddy hielt er fest an sein heißes Gesicht gedrückt.

„Wirklich verrückt“, brummelte Herr Mertin immer noch. Er schaltete den Scheibenwischer ein, denn es hatte angefangen zu schneien.

„Kann jemand mal auf der Landkarte nachsehen, wie wir jetzt fahren müssen?“, fragte er seine Frau, aber die Landkarte war nicht aufzufinden.

„Da muss es sein“, sagte Frau Mertin und zeigte auf ein hell erleuchtetes Haus abseits vom Wege. Herr Mertin hätte beinahe die Einfahrt verpasst. Aber es war nicht der Eingang zum Lager, es war das Gasthaus „Zum Schwan“, ein im Sommer beliebtes Ausflugslokal, das nur zu Weihnachten nochmals für ein paar Tage geöffnet hatte für Leute, die Weihnachten nicht zu Hause feiern wollten.

„Wo wollen Sie hin?", fragte der Wirt. „Zum Lager? Na, hör'n Sie mal, wer fährt denn da schon hin? Dieses Fremdenpack. Frisst einem noch die Butter vom Brot. Zurückjagen sollte man die alle ... Baby, sagen Sie? Na klar, ein Balg nach dem andern, und wir zahlen? Nee, Mann, da kann ich Ihnen absolut nicht helfen!"

„Würden Sie auch nicht, wenn Sie könnten", fauchte Herr Mertin zurück und wunderte sich, dass er so wütend geworden war. So fremd waren ihm diese Gedanken doch gar nicht.

Was nun? Einfach umkehren? Klar, die Sache war ja sowieso verrückt. Aber dann sah er wieder das kleine Gesicht seines Sohnes vor sich: „Versprochen ist versprochen!"

Am Ausgang des Lokals war ein Ständer mit Auto- und Wanderkarten. Herr Mertin holte sich eine, zahlte und ging zum Auto zurück.

„So, ich hab' eine Karte, nun wollen wir mal genau nachschauen, wo das Lager liegt." Es war ganz einfach, wenn man sich an die Karte hielt.

Im Lager herrschte ein unbändiger Betrieb. Wie konnten nur so viele Menschen auf einmal so viel reden? Und es war nicht nur Türkisch zu hören. Frau Mertin fühlte sich sehr unbehaglich. Es war wohl doch keine so gute Idee gewesen, hierher zu kommen. Sie fühlte förmlich, wie sie von allen Seiten angestarrt wurde. Herrn Mertin ging es nicht anders. Hier waren *sie* die Fremdlinge.

Plötzlich aber schrie Peter: „Da ist Ayten! Dann ist das Baby nicht mehr weit. Ayten ist immer hier und hilft ihrer Schwester."

„Du – du hast gehalten Verspruch" – ein strahlendes Lächeln brach aus dem kleinen, braunen, altklugen Gesicht hervor.

„Na klar!", sagte Peter, als sei es das Selbstverständlichste von der Welt.

„Komm!“, sagte Ayten und zog ihn so schnell mit fort, dass die Eltern kaum folgen konnten. Und sie fanden das Kind und seine Mutter im vorletzten Container auf einer Matratze, die man hinter die letzten Bettgestelle geschoben hatte, um ein wenig Abgeschiedenheit anzudeuten.

Eindringlich sprach Ayten auf die junge Mutter ein. Frau Mertin hockte sich ans Ende der Matratze und fingerte verlegen an ihrem Paket. Herr Mertin hatte sich zum Ausgang zurückgezogen. Er kannte die Scheu dieser Frauen vor fremden Männern. Doch Peter drängelte sich nach vorne, streckte beide Hände aus und hielt seinen weißen Teddy dem Baby hin.

„Da, für dich, hab ich doch versprochen.“

Damit war der Bann gebrochen und es wurde spät, ehe die freundlichen Menschen die Familie Mertin nach Hause ließen. Peter war so müde, dass er auf dem Rücksitz einschlief. Doch als der Vater ihn hinauf in sein Bett trug, schlug er die Augen auf und murmelte schlaftrunken: „Vati, warum ist Weihnachten nur so wunderwunderschön?“

Irischer Weihnachtsgruss

Nicht dass von jedem Leid verschont du mögest bleiben,
noch dass dein künft'ger Weg stets Rosen für dich trage
und keine bittre Träne über deine Wangen komme
und niemals du den Schmerz erfahren sollst –
dies alles, nein, das wünsche ich dir nicht ...

Mein Wunsch für dich ist vielmehr dieser:
dass dankbar du und allezeit bewahrst in deinem Herzen
die kostbare Erinnerung der guten Ding' in deinem Leben;

dass mutig stehest du in deiner Prüfung,
wenn hart das Kreuz auf deinen Schultern liegt
und wenn der Gipfel, den es zu ersteigen gilt,
schier unerreichbar scheint, ja selbst
das Licht der Hoffnung zu entschwinden droht;

dass jede Gottesgabe in dir wachse
und mit den Jahren sie dir helfe,
die Herzen jener froh zu machen, die du liebst;

dass immer einen wahren Freund du hast,
der Freundschaft wert, der dir Vertrauen gibt,
wenn dir's an Licht gebricht und Kraft;
dass du dank ihm den Stürmen standhältst
und so die Höhen doch erreichst –

und dass in Freud und Leid das Lächeln voller Huld
des Mensch gewordnen Gottessohnes mit dir sei
und du allzeit so innig ihm verbunden,
wie er's für dich ersehnt.

Quellenangaben

Charlotte Hofmann-Hege, Die Weihnachtslampe, aus: Charlotte Hofmann-Hege, Geschichten aus meinem Leben, Verlag Ernst Kaufmann, Lahr 2003

Hanna Ahrens, Weihnachtsmenschen, aus: Hanna Ahrens, Weihnachtsfreude, Brunnen Verlag Gießen

Werner Reiser, Uns ist ein Kind gegeben, Rechte beim Autor

Selma Lagerlöf, Die heilige Nacht, aus: Selma Lagerlöf, Christuslegenden, © 1948 Nymphenburger Verlag in der F. A. Herbig Verlagsbuchhandlung GmbH, München. Aus dem Schwedischen von Marie Franzos

Christel Heintze, Wie der kleine Fratz ein richtiger Engel wurde, Rechte bei der Autorin

Otto Funcke, Ein Rebhuhn hält die Weihnachtspredigt, aus: Otto Funcke, Kutsche, Bahn und Schusters Rappen, Brunnen Verlag Gießen

Liane Herrmann, Mein schönstes Weihnachtsgeschenk, Rechte bei der Autorin

Therese Keiter, Die Botin, aus: Heinz-Lothar Worm (Hrsg.), Der Raritätenschrank, Brunnen Verlag Gießen

Ursula Koch, Einen Engel wünsch ich dir, aus: Ursula Koch, Von allen Seiten umgibst du mich

O' Henry, Das Geschenk der Weisen, aus: Complete Stories, New York 1926

Hellmut Glubrecht, Alles Wunderbare ist leise, Rechte beim Autor

Paul Powers, Eine Rolle Goldpapier, aus: Paul Powers, Spurwechsel, Brunnen Verlag Gießen

Eugen Reiser, Das große Geschenk, aus: Eugen Reiser, Ich: ‚Zu Risiken und Nebenwirkungen lesen Sie die Packungsbeilage', Hänssler Verlag Holzgerlingen © 1997

Eckart zur Nieden, Nur ein dummer Zufall, aus: Eckart zur Nieden, Schöne Bescherung, Brunnen Verlag Gießen

Elisabeth Bernet, Der Mandelzweig (leicht gekürzt), aus: Elisabeth Bernet, Der Mantel des Sterndeuters (unter der Überschrift: „Freunde, dass der Mandelzweig wieder blüht und treibt"), Paulusverlag, CH Freiburg

Christa Held, Wer fährt denn da schon hin? Rechte bei der Autorin

Bibeltext: Die Bibel nach der Übersetzung Martin Luthers, revidierte Fassung von 1984

Ursula Koch

Nur ein Leuchten dann und wann

Annette von Droste-Hülshoff – Biografischer Roman

160 Seiten. Fester Einband
Bestell-Nr. 3-7655-1685-6

Annette von Droste-Hülshoff gilt als die bedeutendste deutsche Dichterin des 19. Jahrhunderts. Doch wer war dieses Edelfräulein aus altem, westfälischen Adelsgeschlecht, das sich gegen alle starre Tradition seinen eigenen Weg erkämpfte?
Sie schrieb Gedichte, statt sich mit Handarbeit zu beschäftigen. Sie pflegte Alte und Kranke im Familienkreis und sehnte sich selbst oft vergeblich nach menschlicher Wärme und Liebe.
Ursula Koch erzählt nach eingehendem Quellenstudium den Lebensweg dieser außergewöhnlichen Frau.

BRUNNEN VERLAG GIESSEN
www.brunnen-verlag.de